サラリーマンこそプライベートカンパニーをつくりなさい

坂下 仁
Jin Sakashita

フォレスト出版

プロローグ　破産しかけた銀行員

※マンガに登場する人物や団体名はすべて架空のものであり、実在する人物等とは一切関係ありません。しかし、主人公が経験するストーリーは、著者が体験した事実に基づいたリアルなストーリーです

当然
妻は激怒――
株が暴落して
大損した
だけじゃなく
どうして
うん千万円
返済しなきゃ
いけないの？
普段は
キャピキャピした
天然ボケの彼女だけど
…怒ると怖い…
いや
だから…
証券会社から
株を担保に
借金しているから
返さないと
いけないんだ
さもないと
破産するかも…
職場にもバレて
マズイことになる
だけど
そんなお金
どこから？
どうやって…？？
それは…
その…
父
母
お前
それでも
銀行員か！
もう～！
どうして
そんなこと
したのよ！
すみません!!

まじめに働いて必ず返します！
そんなわけで
それからは夫婦２人で貧乏生活…
ヒュウウ
断捨離と
デザイナーズブランドありますよ～
あまり使っていないのでキレイですよ～いかがですか～
きゃああ
サンマ一尾30円
涙ぐましい節約の毎日——
…で…あれからもう10年か——

ザ
ザ
ザーー…
まさか僕らがこのホテルの部屋のオーナーになって毎年ハワイを満喫するようになるなんて
あの頃には想像できなかったね？
そうね
本当よかったあなたは根っからのハワイ好きだしここも〝お金のソムリエ倶楽部〟の皆さんに毎月使ってもらえるし
うん
あの時は辛かったけど…どん底を経験したからこそお金の正体に気づいてお金のソムリエメソッドが生まれたからね

人生って変えられるのね
そうだね――
ニッ
…これからもどんどん変わるよ
破産しかけた銀行員の僕がどうやってその後の人生を変えたのか？
なぜ遊んで楽しみながら稼げるのか？
それでは順を追って見ていきましょう！

おいしい部分をつまみ食いして
お金を増やそう

Q

どうしたら、いち早く裕福になれると思いますか？

Ⓐ **人一倍働いて、つらくて大変な仕事もすべてやり遂げて、競争に打ち勝つ**

Ⓑ **趣味や特技を活《い》かして楽しんで、人様にも喜んでもらう**

正解は**B**です。ある方法を使うと「裕福になる能力」が身につくので、趣味や特技を活かして楽しみながら裕福になれます。

私は破産しかけて「裕福になる能力」を身につけましたが、破産しかける真似《まね》だけはやめてください。つらい部分をショートカットして、おいしいところだけをつまみ食いすれば、「裕福になる能力」が身につくからです。そのために必要な一切合切《いっさいがっさい》をこの本にまとめました。それらをギュッと濃縮してエッセンスにすると、こうなります。

❶それが趣味や遊びだとしても、誰かが喜べばお金は増える（第1章）
❷それを仮想人間にやらせると、もっとお金が増える（第2章）
❸その上を歩けるくらい絆《きずな》を強くすると、さらにお金が増える（第3章）
❹上空から地上を眺めて少し「ずらす」と、お金はずっと増え続ける（第4章）

解決できる悩みは次のとおりですが、気になるものはありますか？

■年金不安や財政不安、少子高齢化で老後の生活が心配だ

■裕福になりたいけど、サラリーマンとしての安定を手放したくない

■早くセミリタイアして人生を楽しみたいが、起業する自信はない

■アフターファイブや週末の時間をどう有効活用すればよいかわからない

■副業のアイデアも時間もノウハウもないし、そもそも副業が禁止されている

■副業というサブの仕事でプライベートな時間を犠牲にしたくない

■子どもの教育費や住宅ローンで家計は火の車だ

■お金のことでついつい夫婦喧嘩《げんか》をしてしまう

■頑張《がんば》って働いているのに収入が増えない

■節約しているのに貯金が貯《た》まらない

■お金は貯めたいけど、生活レベルを下げたくない

■銀行や証券会社が勧める金融商品を買ったら損をした

■不動産投資や株式投資、ＦＸや仮想通貨取引をやってみたけどうまくいかない

■金融機関や不動産会社のセミナーはセールスがしつこい

■怪《あや》しい情報が多すぎて、誰に何を相談していいのかわからない

いずれも過去に私を苦しめた悩みですし、同じ悩みを抱えた数千名の方にも接してきました。なぜ皆が同じ悩みを抱えているのか？　最初に種明かしをします。

最大の原因は「お金の常識が間違っていた」こと。お金の常識が間違っていたので、素直《すなお》で正直な人ほどお金の悩みが増え続け、頑張れば頑張るほどお金が逃げていった。

金融庁によると、アメリカ人の金融資産は２０１５年までの20年間で２１１％増えましたが、日本人の金融資産は47％しか増えませんでした。アメリカの１／５ですから、日本人が不安になるのは当たり前です。

お金の常識をつくったのは銀行等の金融機関です。それが間違っていたのですから仕方ありません。お金のことは学校では教えてくれないので誰も気づきませんでした。

私は銀行員時代に法人融資や営業、企画や開発、支店長の指導等、あらゆる銀行実務

を経験してきたのですが、それでも間違いに気づけませんでした。

私がその間違いに気づいたのは偶然です。破産しかけて初めて気づき、「正しい考え方」で上書きして、ようやく窮地《きゅうち》から抜け出せたにすぎません。

「正しい考え方」で上書きすると、「裕福になる能力」が身につきます。「裕福になる能力」さえ身につければ、お金は自然と増え始める。この「正しい考え方」のことを、「お金のソムリエメソッド」といいます。


「お金のソムリエメソッド」実践者のビフォー・アフターを調べると面白いことがわかります。それは、お金のソムリエメソッドには再現性があるということ。再現性があると、手順どおり正しく行えば誰がやっても成果が出る。

なぜ再現性があるのか？　詳細は後述しますが、お金の特性、お金の定理、法律による優遇、脳機能、絆の力という5つのパワーを余すことなく使い倒すからです。

これに対して株やＦＸ、仮想通貨や投資信託で運用する人の大半は、お金を増やすどころか損をします。ヘタをすると私のように破産しかける。手順どおりにやっても成果は出ないので、再現性はありません。

うまくいく保証がないことをするのか。再現性のあることをするのか。あなたならどちらを選びますか？　よほどのギャンブラーでない限り再現性のある方を選ぶはず。

再現性を裏付けるのは理屈ですが、証明するのは実体験とビフォー・アフターです。この本は私の実体験に基づくノンフィクションなので思い出すだけで身の毛がよだちます。つらい過去がリアルによみがえるのでストーリー化することは正直いやでした。ただ、ストーリーがリアルだから迫力が生まれ、あなたも追体験できます。追体験すると、お金が増える仕組みをリアルにイメージできる。

今でこそ私は経済的に自由ですが、銀行員時代に破産寸前にまで追い込まれました。今があるのは、どん底で「お金とは人様から感謝されて初めてもらえるもの」だと気づいたおかげ。

そのノウハウをコンパクトにまとめたのが『いますぐ妻を社長にしなさい』と『とにかく妻を社長にしなさい』（いずれもサンマーク出版）の2冊ですが、おかげさまでシリーズ12万部まで版を重ね、海外数か国で翻訳本が出版されました。

ところが私は、妻社長シリーズの出版をきっかけに自分の矛盾に気づいてしまった。私の銀行では、手数料が高くて危険な投資信託の販売や、融資の返済を弱者に迫る「貸しはがし」が日常茶飯事です。「お金とは人様から感謝されて初めてもらえるもの」だと本に書いたくせに、お客様から感謝されていなかった。経営方針だとはいえ私も同罪です。

そこで、銀行に加担した罪をつぐなうために銀行を辞めて、お金のソムリエ協会という非営利型の一般社団法人を設立。お金を通して家族の幸せを実現するサポートを始めたのです。

だから、この本を書く際にも、「1人でも多くの人が裕福になる効果的な伝え方は何だろう?」と考えました。こうして悩んだ末の結論の1つが、ストーリーをリアルにマンガ化すること。

なぜそこまでして伝えたかったのか? それは、実践者の皆さんから次のような声をいただいていたからです。

実践者の声

●羽《は》島《しま》庸《よう》介《すけ》さん（京都府在住　39歳　会社員、夫婦と子ども2人の4人家族）

私は副収入を得るために不動産投資をしようと、何も勉強せずに新築アパートのパッケージ商品を買って大失敗をしてしまいました。将来のためと思ってやったことが、逆に将来の不安の種になっていたのです。

そんな時に偶然知ったのがお金のソムリエメソッドです。そこで心機一転、お金のソムリエメソッドを夫婦で学び、そのとおりに実践しました。

その結果、家計が筋肉質になって年間１００万円多く貯められるようになった他、副収入も年間３００万円多く得られるようになりました。さらに趣味のキャンピングカーで収入を得る仕組みや、海外を旅行しながら収入を得る仕組みも完成したので、これから先も楽しみです。

●山中《やまなか》かおりさん（千葉県在住　39歳　会社員、夫婦と子ども1人の3人家族）

産休があけて職場復帰した時、「残業できなければ昇進できないよ」と会社から告げられ、子どもの教育費と老後資金の不安でいっぱいになってしまいました。そんな時に巡り合ったのがお金のソムリエメソッドです。目からウロコのメソッドに驚きつつも、教えられたとおり実践した結果、本業の給料以外に年間５００万円の収入を得られるようになりました。

収入が増えたことはもちろん嬉《うれ》しかったのですが、自分の幅を広げられたことが何よりの収穫だと考えています。それまでは、会社員として雇われているというマインドしかありませんでした。でも、お金のソムリエメソッドを勉強するうちに、自分の力で収入を得ることの大切さと、それが可能だということに気づくことが出来ました。

●佐藤勝《さとうまさる》さん（神奈川県在住　55歳　会社員、夫婦2人家族）

某研究機関で技術系サラリーマンとして三十数年にわたり従事するも、社会人生活の明確な目標を見つけられずに日々の仕事に追われ、忙しいだけの流される生活を送っていました。そんな中で出会った「お金のソムリエメソッド」を実践したら、1年後には年間500万円を超える新たな副収入を手に入れることができました。

また、「お金のソムリエメソッド」を実践することで、常に前向きな考えができるようになり、何事もプラスの方向に進んでいます。私は昔から人前で話すことが大の苦手でした。それが今では、自分自身の生の体験を交えながら、講師としてお金のソムリエメソッドを広めて副収入を得ているのですから驚きです。また、夫婦の絆の大切さを改めて認識し、これまで以上に夫婦円満にラブラブに過ごすことができています。

●高橋健《たかはしけん》さん（滋賀県在住　36歳　会社員、夫婦と子ども2人の4人家族）

以前は副業について妻の理解が得られず針のむしろでした。ところが、お金のソムリエメソッドを実践した後は、妻から全面的に協力を得られるようになり、その結果、副収入が年間1500万円増加しました。私自身の夢が明確になり、妻がそれを理解できたことが効いたようです。今では夢の達成度について、妻からもサポートやアドバイスをもらえるようになり、毎日が充実しています。

●桜木聖《さくらぎひじり》さん（東京都在住　45歳　会社員、夫婦と子ども2人の4人家族）

私はずっと、会社員として定年まで勤め上げ、お給料の中で生活し、定年後は会社の退職金、企業年金、国民年金の受給で暮らしていけると考えて、毎月ほとんどのお給料を使い切る生活を送っていました。

しかし、2人目の子どもが生まれ、それなりに家庭の将来や養育費、教育費を意識するようになったタイミングでお金のソムリエメソッドと出会うこととなりました。それがきっかけで、金融の裏側、お金に対する正しい考え方、お金を使うための判断、正しい情報を知り、投資に対する確実な判断力と行動力が身につきました。

その結果、収入も着実に増やすことが出来、副収入だけで年収２５００万円を超える結果となり、現在も収入を伸ばす挑戦が続いています。

お金のソムリエメソッドを学んだことで、いい意味で人が変わったと妻から言われます。対人関係や会話も積極的になったらしく、確かに実感があります。そして、行動に自信を持てるようになりました。アラフィフの私でもまだまだ人間的に成長できる内容であり、感謝の気持ちを実感しながらお金を増やせる最高のメソッドです。

本書では、このような実践者の実例をもっともっと紹介しながら、紙面が許す限りお金のソムリエメソッドを公開します。あなたがお金の心配から解放されて、心の底から幸せな人生を送れるようになる、「あっ！」と驚く仕掛けも埋め込みましたので、ぜひ楽しみにしていてください。

サラリーマンこそプライベートカンパニーをつくりなさい　目次

第1話 裕福になる秘訣は焼き魚に学べ

第4章 マネーエンジンを翼に乗せて世界中を飛び回れ！

第1章

趣味と特技をお金に替えて、お金の不安にサヨナラする

OHTE BANK
大手銀行
いや〜参りました
株の暴落でうちのホテルも宿泊客が激減ですよ…
このままじゃあ従業員の給料も払えない…
坂下さん何かいいアドバイスいただけませんか…
そうですね…今回は長引く可能性があるので先手を打ちましょう
まず最初に従業員のリストラに着手してください
次に…
…ってアドバイスが欲しいのはこっちの方だよ！

ここにはたっぷりお金があるのに
なぜ僕は借金まみれなんだ?
んん
僕はお金のプロなんだぞ!
OHTE BANK
だからこそ社長や資産家がアドバイスを求めてくる
それほどの金融知識を駆使したのになぜ失敗したんだ?
いや!僕じゃない!ホリエモンだ!ホリエモンが僕の人生を台無しにしたんだ!
ムキー
そんなある日—
今日は商談まとまったし昼は美味いもん食べたいな…!
ガラッ
料理はマズイし店員の態度はデカイし!
カネ返せ!クソ〜!二度と来ないぞ!

この店か…
外観に惹かれて
昔入ったけど
確かにひどかった…
隣の
定食屋に
するか…
焼き魚定食
お待ち！
ウマい！
ホントウマい！
いや～
ここの魚は
450円だけど
1000円
出してもいいな！
まったく
言えてる…
隣の店とは
大違い…

ガバッ
そうか！この違いだ！
ここはウマいし感じもいい！
だから皆『ごちそうさま！』って感謝しながらお金を払う！
それにひきかえ隣はマズイし高いし態度もデカイ！だから腹が立って『カネ返せ！』って思うんだ！
つまり
お金とは感謝の気持ちなんだ!!

はっ
そういえば
株をしている時
誰が僕に
感謝しただろうか?
誰もしていない…
誰も
感謝しないんだから
お金をもらえる
わけがない
なぜそんな
当たり前のことに
気づかなかったんだ!
もっと早く
気づいていれば!
くっそぉ〜!
ヒソ
ヒソ
いや!
気づいた
だけマシだ!
今すぐ
変えれば
いいんだ
とにかく
誰かに貢献して
喜ばれればいいんだ
そうすれば
借金も返せるし
それどころか
金持ちになる
ことだって
夢じゃないかも…!!

でも
今の僕に
何ができるんだ？
融資には詳しいけど
お金はないし…
もう行きましょっ
融資したい
取引先を見つけて
それを真似すれば
いいんだ！
林ビル株式会社
HAYASHI BUIL
HAYASHI BUILDING
例えば
うちの銀行の
取引先に
かの有名な
『林ビル』がある
あそこのような
不動産賃貸業なら
融資を引っ張れるから
僕でもできる！
入居者に喜ばれれば
感謝されて
お金を稼げるはず！
善は急げだ！
銀行に戻って
林ビルの資料を
チェックしよう！
ごちそうさまでした～♪

誰かを喜ばせたら、仕事や副業をしなくてもお金が増える

Q

勉強して知識とノウハウさえ身につければ、株やＦＸで儲《もう》けられると思いますか？

Ⓐ 知識とノウハウを駆使すれば株やＦＸで儲けられる

Ⓑ プロであっても株やＦＸで儲け続けるのは難しい

Ⓑが正解です。私は昔、「知識とノウハウを駆使すれば株やＦＸで儲けられる」と信じていました。だから株や為替《かわせ》を勉強し、お金のプロとしての知識を駆使しながら株やＦＸの世界にのめり込みました。

当時の私は銀行員でしたので、資産家や融資先の社長がひっきりなしにアドバイスを求めてやって来ます。融資のプロですから会社の成長性を見極めることくらいは朝飯前です。だから、融資のノウハウを使って成長が期待できる会社の株を買えば、株式投資で儲けられると思っていたのです。

ところがそんな知識とノウハウは、株式投資の役には立ちませんでした。結果的に全財産を失って借金生活に転落した過去はマンガのとおりです。

後でわかったのですが、「プロであっても株やＦＸで儲け続けるのは難しい」ことが、ノーベル賞受賞者４名によって証明されています。つまり、どんなに勉強して知識とノウハウを身につけても、株やＦＸで稼ぐことは不可能だったのです。どうりで、アナリストが年初に予想する年末の株価や為替水準のほとんどが外れるわけです。

全財産と家族からの信頼を失ってどん底まで落ちた私ですが、今ではお金の心配をする必要がありません。銀行をセミリタイアして独立し、趣味や夢を仕事に替えて、毎日が充実しています。

そんな波乱万丈な経験が誰かの役に立つことになるとは、夢にも思っていませんでした。例えば、妻社長倶楽部（現 お金のソムリエ倶楽部）という勉強会を２０１６年に始めたのですが、お金の心配から解放されるメンバーが続出。セミリタイアするメンバーまで現れて、心の底からやりたかったことを始めています。

そんな彼らには共通点があるのですが、何だと思いますか？　それは、「裕福になる能力」を身につけたこと。その結果、「お金の特性」などを活かしながらお金を増やせるようになり、思い描いていた夢を次々と実現。「お金のソムリエメソッド」の再現性が証明されました。

お金のソムリエメソッドの再現性の1つは「お金の特性」に由来します。お金とは「道具」ですが、「時間」でもあり、本質的には「感謝の気持ち」です。お金にはこのような3つの側面があるので、私はこれを「お金の三位一体説《さんみいったいせつ》」と呼んでいます。なかでも特に大切なことは「お金とは感謝の気持ちである」ということ。誰かに貢献して感謝してもらった結果として集まってくるものがお金ですから、裕福になる仕組みはシンプルです。

お金そのものは原価3～30円の金属片か紙切れですから価値はありません。「感謝の気持ち」が上に乗っているから、価値があるとみなされているにすぎません。

あなた自身がお金を使う時のことを思い出してください。お金を支払って手に入れたモノやサービスが酷《ひど》かったら、あなただってマンガの例のように「金返せ！」って思いますよね？　その時のあなたは、相手に対しては感謝しません。

逆に、お金を支払って手に入れたモノやサービスが満足できるものだったら、あなたは「ありがたい！」って感じますよね？　例えばおいしい食事で空腹も満たされて、店員さんの感じもよければ、あなたは「ごちそうさま！」って言いながら笑顔でお会計します。

当たり前なので意識しませんが、感謝できればあなたはお金を支払うし、感謝できないことにはお金を支払いたくありません。なぜなら、お金とは感謝の気持ちだからです。

「お金＝感謝の気持ち」だと気づいた瞬間に、お金持ちがなぜお金持ちになったのか、貧乏な人がなぜ貧乏のままなのかが、手に取るようにわかるようになります。

例えば「お金持ち」と聞いて、あなたは誰を思い浮かべますか？　日本では、ソフトバンクの孫正義《そんまさよし》さん、ユニクロの柳井正《やないただし》さん。世界レベルでは、アマゾンのジェフ・ベゾス氏、マイクロソフトのビル・ゲイツ氏、ルイ・ヴィトンのベルナール・アルノー氏、フェイスブックのマーク・ザッカーバーグ氏、ＺＡＲＡのアマンシオ・オルテガ氏が有名です。

図1はフォーブスが毎年発表する長者番付ですが、彼らの商品やサービスをあなたは使ったことがありますか？　また、それはあなたやご家族の役に立ちましたか？

彼らが大富豪になれた理由は、まぎれもなく誰かに役立つことをして「ありがたい！」って感謝されたからです。感謝してくれる人が多いほど、たくさんお金がもらえる。感謝の質が高いほど、たくさんお金がもらえる。つまり収入は、感謝される量と質に比例するのです。

逆の場合も同様です。世の中で一番収入が少ない人は無職の人。無職の人に感謝す

図1　フォーブス世界長者番付2018

順位	氏名	資産額	年齢	所属企業	国
1	ジェフ・ベゾス	112.0億ドル	54	アマゾン	アメリカ
2	ビル・ゲイツ	90.0億ドル	63	マイクロソフト	アメリカ
3	ウォーレン・バフェット	84.0億ドル	88	バークシャー・ハサウェイ	アメリカ
4	ベルナール・アルノー	72.0億ドル	69	ルイ・ヴィトン	フランス
5	マーク・ザッカーバーグ	71.0億ドル	34	フェイスブック	アメリカ
6	アマンシオ・オルテガ	70.0億ドル	82	ザラ	スペイン
7	カルロス・スリム・ヘル	67.1億ドル	78	テレコム	メキシコ
8	チャールズ・コック	60.0億ドル	83	コック・インダストリー	アメリカ
9	デービッド・コック	60.0億ドル	78	コック・インダストリー	アメリカ
10	ラリー・エリソン	58.5億ドル	74	ソフトウェア	アメリカ
11	マイケル・ブルームバーグ	50.0億ドル	76	ブルームバーグ	アメリカ
12	ラリー・ペイジ	48.8億ドル	45	グーグル	アメリカ
13	セルゲイ・ブリン	47.5億ドル	45	グーグル	アメリカ
14	ジム・ウォルトン	46.4億ドル	70	ウォルマート	アメリカ
15	ロブ・ウォルトン	46.2億ドル	74	ウォルマート	アメリカ
16	アリス・ウォルトン	46.0億ドル	69	ウォルマート	アメリカ
17	馬化騰	45.3億ドル	47	テンセント	中国
18	リリアンヌ・ベタンクール	42.2億ドル	65	ロレアル	フランス
19	ムケシュ・アンバニ	40.1億ドル	61	ムケーシュ・アンバーニー	インド
20	ジャック・マー	39.0億ドル	54	アリババ	中国
（以下、日本人のみを抜粋）					
39	孫正義	22.7億ドル	61	ソフトバンク	日本
55	柳井正	19.5億ドル	69	ファーストリテイリング	日本
68	滝崎武光	17.5億ドル	73	キーエンス	日本
274	森章	6.3億ドル	82	森トラスト	日本
321	永守重信	5.6億ドル	74	日本電産	日本
334	三木谷浩史	5.5億ドル	53	楽天	日本
388	高原慶一郎	5.0億ドル	87	ユニ・チャーム	日本
480	似鳥昭雄	4.4億ドル	74	ニトリ	日本
527	重田康光	4.1億ドル	53	光通信	日本
572	伊藤雅俊	3.9億ドル	94	セブン＆アイ・ホールディングス	日本

る人は多くはいませんし、いたとしても感謝の質は高くはありません。だから、無職の人は収入が少なく、貧乏になります。

お金とは卑《いや》しいモノだし、悪いことをした人がお金持ちになる。そんなイメージが日本に定着していますが真逆です。お金とは感謝の気持ちですから、卑しいどころかキレイで清らかです。裕福な人ほど、貢献して感謝されたのですから、彼らこそ人の鑑《かがみ》なのです。

このようにお金とは感謝の気持ちなので、裕福になりたければ1人でも多くの

とにかく
誰かに貢献して
喜ばれればいいんだ
そうすれば
借金も返せるし
それどころか
金持ちになる
ことだって
夢じゃないかも…!!

人に喜んでもらい、喜ばれる質を上げる必要があります。

ここで大切なポイントは「喜んでもらえればよい」ということ。喜んでもらうために、必ずしも価値のあるモノやサービスを提供する必要はありません。ましてや、つらい仕事や副業をするなんてもってのほか。

これだけでは、さっぱり意味がわからないので、私がハワイで体験した、「あっ!」と驚く実例をご紹介しましょう。

1600円でも飛ぶように売れるパイナップルの皮を探せ

Q

パイナップルの皮は、1600円で売れると思いますか？

Ⓐ **パイナップルの皮には価値がないので売れない**

Ⓑ **パイナップルの皮を喜ぶ人は大勢いるので1600円でも売れる**

正解はⒷなのですが、カラクリを知って、私は二度ビックリしました。ハワイではプランテーション・アイスティーが人気です。パイナップルジュースを混ぜたアイスティーなので原価は50円。ハワイの物価が高いとはいえ、それを1600円で売るのはボッタクリです。そんな高いアイスティーなんて売れるわけないと思ったのですが、屋台の前には長蛇《ちょうだ》の列が出来ていました。

なぜ高くても飛ぶように売れるのか？　それはプランテーション・アイスティーが果肉をくり抜いたパイナップルの皮に入っていたから。南国の観光地ではヤシの実にストローを挿《さ》して飲むココナッツジュースを見かけますが、そのパイナップル版です。パイナップルの皮は、普通なら捨ててしまう価値のないゴミです。それを原価50円のアイスティーの容器にした瞬間に1600円で売れるのですから、アイデアの勝利です。

私は感心しながら、ジュースをつくる様子を見に屋台の裏側に回ったのですが、そこで2度目の驚きを体験することになりました。パイナップルの頭をちょん切って、果肉を抜き取って、残った皮の中にアイスティーを注ぐところまでは予想どおりです。

予想外だったのはその後の工程。私はてっきり、くり抜いた果実を絞ってジュースにして混ぜると思っていたのですが、実際には巨大な缶に入ったジュースが使われていました。抜き取った果実は、クーラーボックスに大切に保管されていたのです。

スーパーなどで売られているあの「カットフルーツ」です。このお店は、一番価値のある果実を抜き取ってスーパーに卸《おろ》して稼ぎ、その上で、ゴミとして捨てるはずの皮に50円のアイスティーを入れて1600円で売っていたのです。

普通は価値のあるモノやサービスしか売れません。だから、果実は売れて当たり前ですが、パイナップルの皮なんて売れるわけがない。

ところが現実には、価値のないパイナップルの皮が飛ぶように売れていた。つまり、お客さんは「価値」に対してお金を払っていたわけではなかった。パイナップルの皮に入ったアイスティーを飲むことに喜びを感じて、その喜びを演出してくれたお店に感謝して、感謝の気持ちとしてお金を払っていたのです。

この現場を見て私は改めて確信しました。ゴミとして捨てる、価値のないものでも、相手から感謝してもらえればお金をもらえる。つまり、お金とは感謝の気持ちそのものだと。

パイナップルの皮には価値がないので売れるわけがないと考えるのか。それともパイナップルの皮を喜ぶ人は大勢いるかもしれないと考えるのか。どちらの考え方をするかで、人生が１８０度変わります。なぜなら、パイナップルの皮は本当に１６００円で売れるから。考え方が変わると行動が変わります。行動が変わると結果が変わる。結果が変わると人生が変わります。人生は、「考え方→行動→結果」というサイクルの積み重ねです。

感謝してもらえれば何でも構いません。パイナップルの皮のように価値のないものでもいいし、働く必要さえない。

働かないとお金をもらえない、というのが世の中の常識です。でも、お金＝感謝の気持ちなのですから、感謝してもらえれば、別に働かなくても構わないのです。例え

1600円のプランテーション・アイスティー

ば趣味を楽しんだ結果、誰かが喜んで感謝してくれるのであれば、その人から感謝の気持ちとしてのお金をもらえます。

　これとは逆に、どんなに「つらい仕事」を頑張ったとしても、それに対して感謝の気持ちを感じる人がいなければ、お金をもらうことができません。そこで今この瞬間から、「仕事をすればお金をもらえる」というお金の常識を、「感謝されればお金をもらえる」という考え方で上書きしてください。

図2　「考え方→行動→結果」サイクルの積み重ね

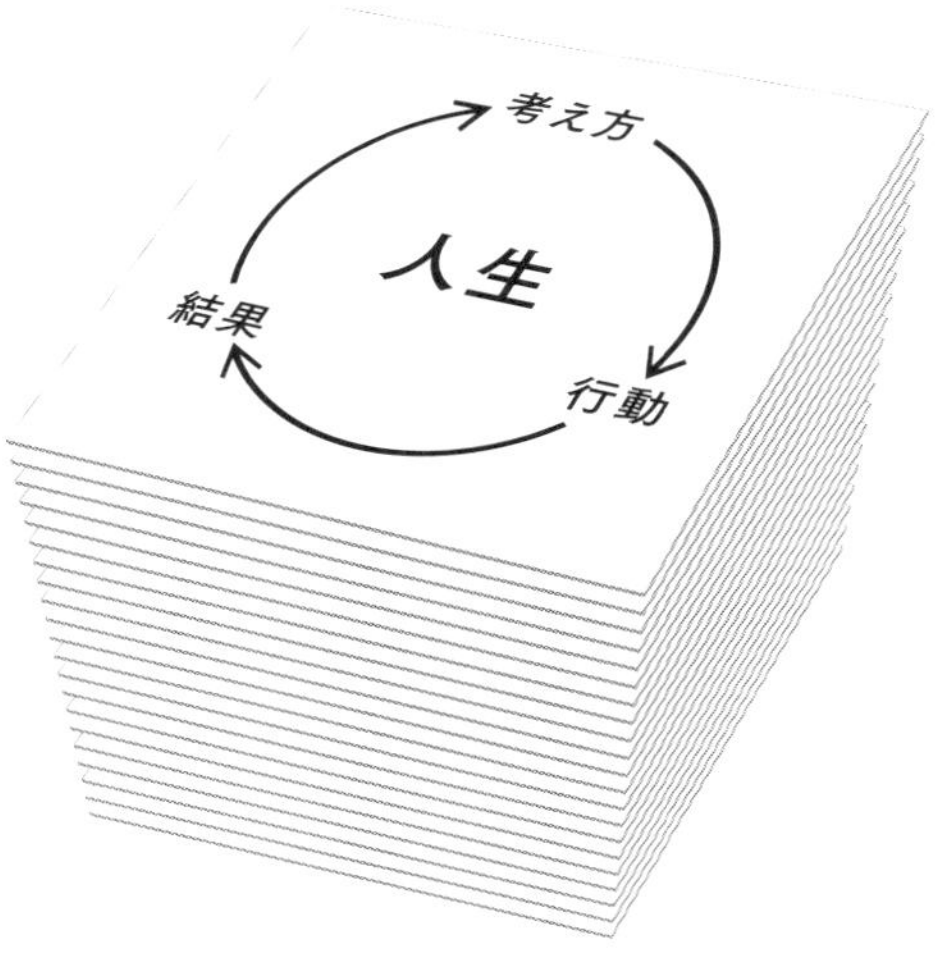

お金をもらえる趣味や特技のことを「副業」と呼ぶ

Q 手っ取り早く稼ぐ方法の1つに副業がありますが、副業に対してあなたはどんなイメージを持っていますか？

Ⓐ 本業との両立は大変だし、時間もノウハウもないので副業は難しい

Ⓑ 趣味や特技をそのまま副業にすれば、人様から喜ばれて楽しく稼げる

Ⓑが正解です。多くの人は、本業との両立は大変だし、時間もノウハウもないので副業は難しい、と感じています。サラリーマンで副業している人は4％しかいませんが、この数字がそれを物語っています（総務省の平成29年就業構造基本調査）。

副業という言葉からイメージするのは「仕事」です。本業以外の「サブの仕事」が副業と呼ばれています。副業をするにはノウハウがいるし、プライベートな時間も犠牲になる。気力も体力も続かないし、プライベートの時間は自分らしく楽しみたいので、「仕事」なんてやりたくありません。

でももし、「副業＝仕事」ではなく、「副業＝趣味嗜好《しこう》や特技」だとしたらどうでしょうか？　プライベートな時間を趣味や遊びに使うのは当たり前ですし、ストレス解消ができて、お金までもらえるのなら一石二鳥ですよね？

お金とは感謝の気持ちですから、誰かに喜んでもらえればお金をもらえます。ということは、趣味嗜好や特技を通じて誰かに感謝されれば、お金をもらえるのです。趣味嗜好や特技をそのまま副業にするだけでお金をもらえるのであれば、その方がいいに決まっています。つらい仕事をあえて副業にする必要なんてありません。

そんな都合のよい趣味嗜好なんてあるわけない！　って思われるかもしれませんが、そんな都合のよい趣味嗜好はそこら中にゴロゴロと転がっています。

音楽や映画、ネットやゲーム、バイクや自転車、ヨガ、スポーツ、カメラ、旅行、鉄道、釣り、読書、料理、スイーツ、カフェ、アニメ、芸能界等々。無数の趣味嗜好がありますが、蓼《たで》食う虫も好き好きです。

数十年生きていれば、人に言えない奇癖《きへき》や特技、趣味嗜好など、ハマっていることや好きなことが何かしらありますが、それが副業ネタにもなるのです。

世の中には、あなたと同じ趣味嗜好を持った人が大勢います。あなたが楽しく感じることは、彼ら彼女らにとっても楽しいはず。だから、それを提供すれば、感謝されてお金をもらえるし、あなたも趣味嗜好の一環として楽しめる。

お金を生み出す原動力のことを、私はマネーエンジンと呼んでいます。ほとんどの人にとっては、会社や役所がマネーエンジンです。しかし残念ながら、会社や役所というマネーエンジンには馬力がありません。だから一所懸命《いっしょけんめい》に仕事を頑張って、どんなにアクセルを踏み込んでも給料は上がらない。株主や経営陣がハンドルを握っているので、あなたの思いどおりにもなりません。じれったいし、ストレスも溜《た》まります。

でももし、趣味嗜好や特技を活かしてあなただけのマネーエンジンをつくることができれば、アクセルもハンドルも思いのまま。マネーエンジンはいくつでもつくれるので、どんどんパワーアップする。楽しみながら収入を得ることが出来るのですから、これに勝るものはありません。「自分の趣味や特技は平凡だから、誰かに感謝されるなんてムリ」と思った方もご安心ください。当たり前すぎるからこそ、お宝が隠れています。

そんなバカな！を見つけると大化けする

Q

次の2つのうち、どちらの方がお金をたくさんもらえると思いますか？

A **誰も見向きもしない価値のないモノ、当たり前のコト**

B **誰が見ても価値があると思うモノ、珍しいコト**

意外ですが❹の方がお金をもらえます。隠れている宝物に誰も気づかないからです。これに対して誰が見ても価値があるモノにはライバルが多く供給過剰なので、それほど感謝はされない、つまりお金ももらえません。

あなたのまわりには、そんなバカな！　こんなものが売れるわけがない！　と思って見向きもしなかったことはありませんか？　あるいは、自分には関係ない！　と思ってスルーしていたことはありませんか？

「とうだいもとくらし」ということわざがあります。漢字で書くと「灯台下暗し」なので、港や岬で遠くを照らす灯台と勘違いしますが、あの灯台ではありません。「灯台」とは平安時代から使われている燭台《しょくだい》で、油の入った皿に火をともす「あかり」のこと。火がつくのは皿の上なので、光源に一番近い真下は影になって暗いことから「灯台下暗し」ということわざが生まれました。一番身近で「当たり前」なことほど、その大切さに気づいていない、という例えで使われます。

鋭い方は気づかれたかもしれませんが、さっきのパイナップルの皮は「灯台」の真下にありました。パイナップルの果実には価値がある……ってことくらい、誰だって知っています。なぜなら、光で照らされているから。誰もが価値があると知っているので、これで大儲けはできません。

ところがパイナップルの皮には光が当たっていないので、それがお金になるなんて誰も気づかなかった。もちろん、パイナップルの皮そのものには価値はありません。そこに「何か」を組み合わせたからこそ、お客さんに喜んでもらえたわけです。「何か」とはアイスティー。それこそ平凡な飲み物です。ゴミとして捨てるパインの皮と原価50円の飲み物とを組み合わせただけなのに1600円に化けてしまったのです。

この例を出すまでもなく、あらゆる「当たり前」は宝の山です。あなたの身の回りは「当たり前」で溢《あふ》れています。その当たり前の中に、ゴミを宝物に変える「触媒《しょくばい》」が隠れている。スマホで撮《と》った写メ。ブログにしたためた日記。押し入れを占拠しているガラクタ。過去に経験した悲惨なこと。友達に披露《ひろう》したい面白い気づき。こんな身近な当たり前が、少し角度を変えたり、ちょっとずらしたり、誰かの真似をしたり、その他の平凡なことと組み合わせるだけで、お宝に変身します。

例えばフェイスブックは、恋人に振られた腹いせがきっかけで誕生しました。マーク・ザッカーバーグ氏が大学のコンピュータをハッキングして女子生徒の写真を集めてつくった「フェイスマッシュ」という女の子の顔の格付けサイトが原点です。そこに、他の学生から盗用したアイデアをトッピングして出来上がったのがフェイスブック。こうしてマーク・ザッカーバーグ氏は世界トップ5に入る大富豪になりました。

Windowsの元になったＤＯＳ《ドス》というオペレーティングシステム（ＯＳ）は、マイクロソフトが開発したものではありません。ＩＢＭから受注したＯＳの開発が間に合わなかったので、シアトルコンピュータープロダクツ社がつくったＯＳを安く買い取り、ＩＢＭにライセンス供給して世界中に広がりました。その後、このＤＯＳ

をベースにWindowsが生まれましたが、パソコン画面のアイコンは、アップルのスティーブ・ジョブズ氏がマックのパソコンに採用したアイデアでした。それをパクってDOSと組み合わせたのがWindowsです。つまり、ビル・ゲイツ氏がやったことは、他人がつくったOSを安く買い取り、そこにスティーブ・ジョブズ氏のアイデアを組み合わせただけなのです。

ピコ太郎ことお笑い芸人の古坂大魔王《こさかだいまおう》さんは、ペンとアップルとパイナップルというありふれたモノを組み合わせて、人気漫画『ワンピース』のキャラクターの格好で歌ったら、世界的に大ヒット。

『うんこ漢字ドリル』は、「うんこ」と「漢字ドリル」とを組み合わせただけですが、週間売り上げランキングで1~6位を独占し続けるベストセラーになりました。

シアトル系コーヒーのタリーズコーヒーに至っては、最初からスターバックスを真似する方針で成長。ハンバーガーチェーンや回転寿司もそうですが、世の中でうまくいっているビジネスは、ほとんどが「パクリ」です。

手前味噌《てまえみそ》で恐縮ですが、私のデビュー作『いますぐ妻を社長にしなさい』の時も同じでした。この本が売れたことをきっかけに、「いますぐ、○○しなさい」というタイトルの本やプライベートカンパニーの本や雑誌が出始めて、嬉しいことに類似タイトルは20冊を超えています。


このように、どんなに平凡なことでも、どんなにくだらないことでも、誰かの真似をした二番煎《にばんせん》じでも何でも構いません。ちょっと表現を変え、視点をずらして、組み合わせる。それだけで誰かの役に立ち、喜んでもらえるのです。

平凡なものを組み合わせた時の効果は抜群です。なぜなら、２つ組み合わせると、足し算ではなく掛け算になるからです。３つ組み合わせると3乗になる。だから、平凡なものを組み合わせるだけで数千万円とか数億円を稼ぐことができるようになります。そこで、趣味を楽しんだり、当たり前のことを組み合わせながら、感謝されてお金を増やした実例をいくつか見ていきましょう。

趣味でブログを公開すると1億円になる

Q 写メを撮って日記を公開するとお金がもらえるのですが、なぜかわかりますか？

A 雑誌などのマスメディアと契約して報酬をもらえるから

B ブログの読者が顧客になったり、アフィリエイト収入を得られたりするからメディアから注目されて契約する人がいるのでⒶも正解ですが、圧倒的な多数はⒷです。趣味で始めたブログでアフィリエイト収入を得ている人や、読者が根強いファンとなり顧客になった人が大勢いらっしゃいます。

一例として、趣味で撮ったわが子の写真が1億円のビジネスに化けた青木水理《あおきみのり》さんをご紹介しましょう。

「おひるねアート」という言葉を聞いたことありますか？　写真のように、赤ちゃんに背景や小物をつけて撮影するアート写真なのですが、赤ちゃんだけでなく、子どもから、おじさん、おばさん、ペットまで幅広く楽しめます。

その「おひるねアート」を日本中に知らしめたのが青木さんです。北欧で流行《はや》っていた写真を真似して、最初は趣味として始めたそうです。２０１２年に息子さんが生まれた時に、成長の記録をアート感覚で残したいと思って、趣味で撮った写真を1日1記事ブログに載せたことがきっかけでした。

そうしたら、「赤ちゃんのお昼寝姿をアートとして楽しんでいるママがいる」と評判になり、テレビ取材が入って、それがきっかけで4か月後には本が出版されました。

趣味で始めたので仕事にしようとは思っていなかったし、仕事になってしまうとも思わなかったそうです。それが今では500人以上のお弟子さんを抱え、年商1億円を叩《たた》き出すまでになりました。

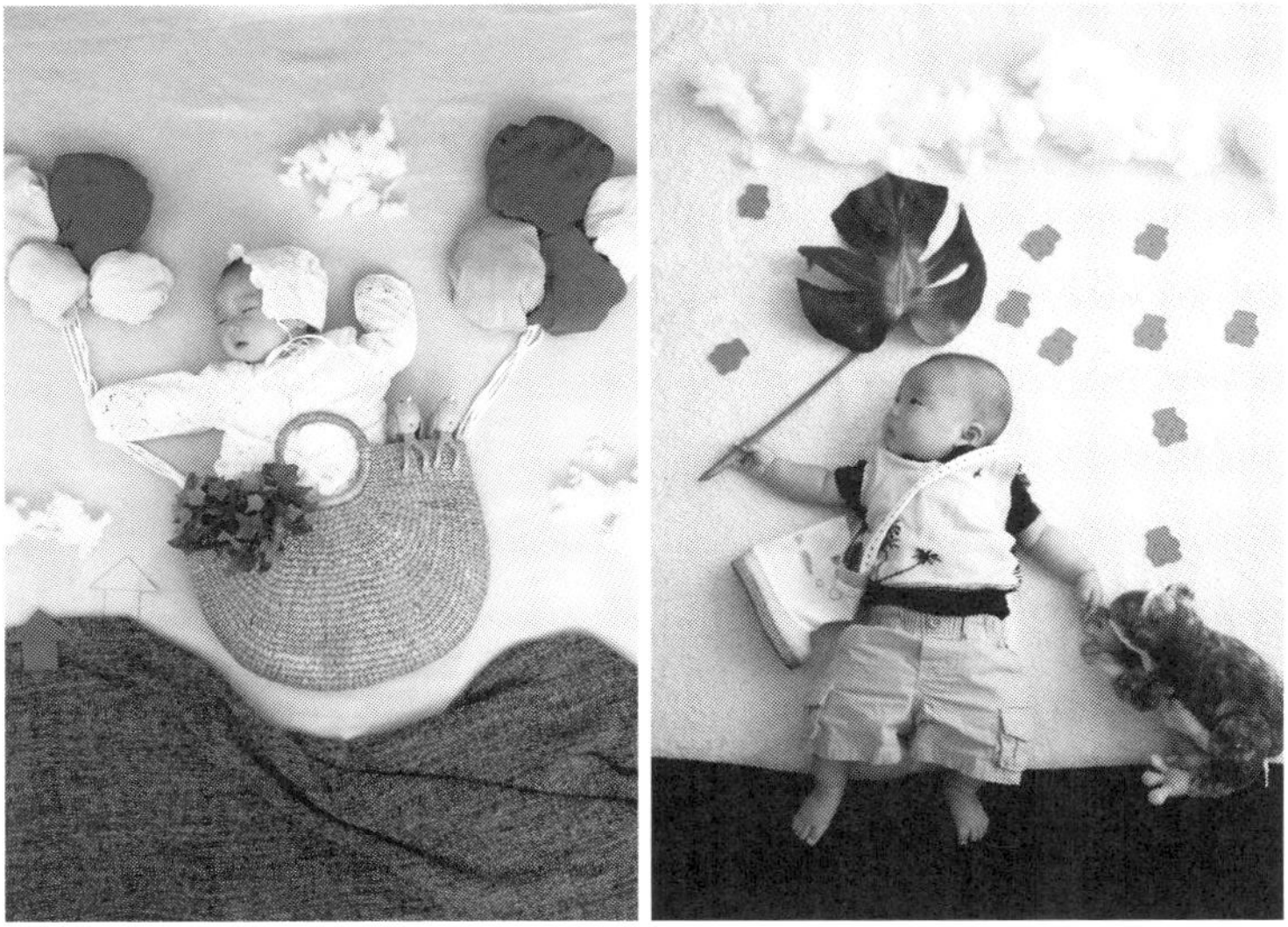

青木さんの「おひるねアート」

そんな経緯があるので、青木さんの仕事は、仕事というよりも「大好きなライフワーク」であって、仕事も子育てもすべて含めて青木さんの生き方の一部なのだそうです。

もう1人、ブログだけで7か月後に月収110万円を達成した専業主婦、上浦《かみうら》有賀《ゆか》さんの例をご紹介しましょう。上浦さんがネットビジネスに興味を持ったのは2016年1月でした。おうちにいながらネットで稼げることをご主人から教えてもらい、「ネットビジネス　やり方」とググったのが始まりでした。

こうして上浦さんが始めたのは、ブログの余白を広告会社に貸し出して、ブログの読者がその広告をクリックすると1件○円という収入が入ってくるアフィリエイトでした。

始めたばかりの1か月目の収入は500円でしたが、ブログが認知されると徐々に増え始め、2か月目で9000円、3か月目で9万8000円、4か月目には25万円、5か月目に31万円、6か月目で60万円、そして7か月目で110万円を達成。その後もコンスタントに100万円以上をキープしているそうです。

そんな上浦さんがブログにつづっているのは、ドラマやバラエティ、子ども番組などテレビ番組に関するネタです。趣味の延長線上で自分のドラマの感想や考察、テレビに出てきた情報をまとめてアップするだけで、毎月１００万円を超える副収入を得られるようになったのです。

青木さんや上浦さんのように、面白いブログや参考になるブログもいいのですが、つらい過去や恥ずかしい経験などをブログにする、という方法もあります。

つらくて恥ずかしい過去をさらけだしてもお金がもらえる

Q

つらくて恥ずかしい過去をさらけだしても
お金がもらえますが、なぜでしょうか？

Ⓐ 他人の不幸は蜜《みつ》の味だから

Ⓑ 苦難を乗り越えて成功するストーリーに人は共感するから

他人の不幸を見て喜ぶ人もいますが、多くの人は苦難を乗り越えて成功するストーリーに共感するので、Ⓑが正解です。

誰だって恥ずかしいことは知られたくないし、つらい過去を思い出したくないので、それをブログにアップしたり、本でカミングアウトするには勇気が要ります。ところが世間は、そんな弱みを公開する勇気を讃《たた》えて、それを乗り越えてきた物語に感動を覚えるようです。つまり、最大のウィークポイントだと自分が思っていることは、それを公開したり笑いに変えたりするだけで、最大の強みに化けてしまいます。また、闘病日記やパワハラ格闘記などつらい経験をブログにすると、同じような苦労をした人達が根強い読者となって毎日読んで応援してくれます。そんな読者が将来、あなたのお客さんになってくれるのです。

僕自身も、破産しかけた自虐ネタを『いますぐ妻を社長にしなさい』の中でさらけ出しました。そんな恥ずかしい過去をさらけ出すなんて格好悪いし、僕にもプライドがあるので書きたくなかったのですが、担当編集者から迫られて最後は根負けしました。だから、出版直後は気が気でありません。読者の皆さんはどう思っただろう？　陰で僕のことを嘲笑《あざわら》っていないだろうか？　そう思うと居ても立ってもいられなくなり、毎日アマゾンレビューをチェックしたり、エゴサーチをかけて、読者の声を気にしていました（馬鹿げているので、もうやめましたが（笑））。

案《あん》の定《じょう》、「そこまで傷口に塩を塗りこむの？」と思わずにいられない酷評《こくひょう》がアマゾンレビューを埋めました。なかには陰湿な虚偽の中傷もあり、情報開示の手続きを行って削除してもらったものもありました。一方で、酷評レビューの数倍の好意的なレビューも寄せられて、結果的に毎月のように重版がかかるヒット作となったのです。

後からわかったのですが、失敗や挫折《ざせつ》を経験した後、それを克服して乗り越えるストーリー展開に、人は共感するそうです。ヒーローズジャーニーとか神話の法則と呼ばれていて、物語や小説、ドラマや映画はすべてこのパターンです。最近ではビジネス書にも応用されていて、「ダメダメだった私が、これをやったら成功した」という展開が定石《じょうせき》になっています。

大好きな「お気に入り」を売れば億り人も夢ではない

Q

お気に入りを売ると稼げるのですが、なぜだと思いますか？

A お気に入りに対しては見る目があるので、よいものを選別できるから

B お気に入りに対しては気持ちがこもり、買主に共感してもらえるから

ともに正解です。「好きこそものの上手なれ」というように、好きなものには詳しいし、楽しみながら続けられるので無理なく収入につなげられます。

そんな趣味から副収入を得られるようになって、ライフワークとして成功した人を2人紹介しましょう。

最初に、「笑い文字」専用のハガキ「はははがき」や専用の筆ペン「笑い筆」の販売などで年商数千万円となった廣江《ひろえ》まさみさんをご紹介しましょう。

下のイラストのような笑顔の文字を「笑い文字」といいます。まさみさんが「笑い文字」を書いたのは偶然でした。「笑いヨガ」のマスタートレーナーだったまさみさんは、共著で出版した「笑いヨガ」

廣江さんの笑い文字

の本にサインする際に、字が下手でうまくサインできずに困っていました。

そこで「笑いヨガ」にかこつけて書いたのが、笑った顔を文字化したサイン「笑い文字」です。「笑い」も「サイン」もありふれています。その2つを組み合わせることで「笑い文字」を生みだして、字が下手だという自分の弱みを強みに変えたのです。

そうしたら、笑い文字を書いて欲しい人、笑い文字の書き方を習いたい人、笑い文字の書き方を人に教えたい人も現れ始めて、今では400人以上も講師を抱えるまでになりました。

笑い文字は「書いて半分　渡して完成」するので、必ず誰かの笑顔に直結します。そんな笑顔の連鎖を引き起こす仕組みとツールをつくったから、まさみさんは大勢から感謝され、感謝の気持ちとしてのお金が循環するようになったのです。

次に、パワーストーンの販売などで数億円の年商を上げられるまでになったウィステリア・キョウコさんをご紹介しましょう。キョウコさんは、パワーストーンを使って12年間で3万5０００人をカウンセリング。心が折れた女性達が立ち直るきっかけをつくってきました。

キョウコさんがパワーストーンと運命の出会いを果たしたのは20代後半の頃。恋愛で傷つき、がんにおかされて不幸のどん底にいた時でした。会社の先輩からプレゼントされたパワーストーンのネックレスに勇気づけられて、見よう見まねでつくり始めたのがきっかけです。お友達や会社のお客様からも好評で、フリーマーケットに出店したら、行列ができるほどの大盛況。そこで、3か月後に思い切って会社を辞めてパワーストーンに本腰を入れ始めました。

その後、がんが再発したり、多額の借金を背負いながらも、大好きなパワーストーンを信じ、パワーストーンへの理解を深めることで困難を克服。1０００名のお弟子さんを抱え、パワーストーンの販売などで数億円を売り上げるまでになりました。

パワーストーンを使うと、折れた心が癒《い》やされてしなやかになります。キョウコさんによると、その人の思いを最大限に引き出してくれる神秘的な力がパワーストーンに備わっているとのこと。心折れた人達の潜在能力を引き出すツールとして役立つのだそうです。骨折した時に使う添え木や松葉杖とよく似ています。

こうして心が折れた何万人もの女性を導いて立ち直るきっかけをつくったからこそ、キョウコさんは感謝され、感謝の気持ちとしてのお金が届くようになりました。

学びやお金や健康のように大切なモノほど、コツコツ続けなければ手に入りません。でも、自分が没頭できるモノや大好きなモノ、憧《あこが》れや夢であれば、苦痛を感じずに続けることができます。

大家になると温泉旅行や海外旅行がタダになる

Q

大家になると温泉旅行や海外旅行がタダになるのですが、なぜかわかりますか？

Ⓐ 大家さんに対しては、不動産会社が接待旅行をしてくれるから

Ⓑ 保有不動産の管理のために経費で出張したついでに旅行を楽しめるから

正解はⒷです。大家業は旅行好きにうってつけです。賃貸不動産を持っている大家さんは、物件の現地チェックや管理会社との打ち合わせのために定期的に出張します。もし、運よく大好きな街にその物件があれば、出張のついでに楽しめます。私が主宰するお金のソムリエ倶楽部のメンバーにも、行きつけの温泉やゴルフ場の近辺、京都や札幌などの観光地に物件を持っていて、物件の管理をしながらプチ旅行を楽しんでいる人がいます。私達夫婦も北海道・九州・ハワイ・アメリカ本土・ヨーロッパに物件があるので、出張ついでに楽しんでいます。

出張ついでに楽しめるのはわかるけど、〝タダ〟になるなんて大げさでは？　と思われるかもしれませんね。でも、事実上〝タダ〟にすることが可能です。プライベートカンパニーがカギを握るので、その仕組みを知っていただいた後に、お話しします。

旅行が好きな人の多くは、旅先で現地の人やトラベラーとコミュニケーションを取ることも大好きです。そんな方には、一軒家やアパートを改造して観光客向けに簡易宿所として提供するタイプの大家業をお勧めします。

旅行に興味がない方にも、大家業は色々な楽しみを提供してくれます。なぜなら、大家業は「趣味のデパート」だから。ネコ好きならキャットフリーク専用アパート。バイクや自転車好きならガレージ付きアパート。何でも構わないので、自分の趣味や特技を大家業と組み合わせれば実益を兼ねられるし、他との差別化が図れるので家賃競争に巻き込まれるリスクが減ります。

例えば、都内在住の桜木聖さんは1都3県で大家業を営んでいるのですが、手がけた5棟のアパートの大半は新築でした。なぜ、新築かというと、桜木さんはデザインを考えるのが好きで、仕事がら建築や内装に携わることが多かったからです。まさに趣味と特技を活かしたわけです。桜木さんが大家業を始めてからまだ2年しか経っていませんが、副収入だけで2500万円に達しています。

群馬在住の大城幸重《おおしろゆきしげ》さんは、群馬・東京・京都等に9棟のアパートを経営しています。幼い頃に父親を亡くし、大家だった祖父に高校時代からアパート管理の方法を叩き込まれたのでアパート管理は特技の1つです。加えて前職が小学校の教師で、今現在も小学生向けの塾を経営されているので、子育てと教育についてはプロ中のプロです。その前職教師の経験と特技を活かして始めたのが「子育て賃貸アパート」です。動線や収納、広さにこだわり、徹底的に子育てしやすい住環境を実現しました。アパート経営は今でも副業ですが、それだけで年間2000万円の家賃収入を得ています。

私の場合も、自分がパソコンやインターネット好きだったので、最初のアパートにWi-Fiを躊躇《ちゅうちょ》なく導入しました。単身者向けのアパートとWi-Fiという当たり前なものを2つ組み合わせたにすぎませんが、それだけで家賃収入が2倍になりました。

その後、専門だった法人取引のノウハウを活かしテナントビルやロードサイド型店舗の大家に転身。さらに海外不動産に軸足を移して趣味と実益を兼ねられるようにしました。

日本ではこれからショッキングな現象が起こります。のちほどデータを元にお話ししますが、大家業も決して楽ではありません。そんな時代にガマン比べのように大家業を続けるなんて正直やってられません。何か趣味や実益を兼ねないと、やる気が続きませんし、他の魅力的な物件との競争にも勝てません。

だから、これからの大家業は、入居者が心から喜ぶプラスワンを提供できて、かつ、大家自身も楽しめる仕組みに変えていくことが必須《ひっす》条件となります。それが先ほど例示した趣味嗜好を大家業に取り入れる手法です。これから大家業を始めたいと思っている人も、既に始めている人も、この着眼点を意識しながら取り組んでください。

世界中を旅して趣味を活かせば月商2000万円

Q

世界を旅して趣味を活かせば月商2000万円も夢ではないのですが、なぜかわかりますか？

Ⓐ 世界中を旅すると、大富豪と知り合うチャンスが増えるから

Ⓑ 海外では趣味や特技の延長線上で大きなビジネスチャンスに出会えるから

正解はBですが、なぜそんなことが可能なのか、気になりますよね。

私も妻も旅行が好きなので、無駄遣いをせずに1日でも長く旅を続けて、そこでしかできない体験をすることが楽しみです。

そんな私達なので、世界を旅しながら収入を得られれば最高です。そこで、マンガに出てきたようなハワイの不動産を買ったのですが、不動産を買わずに世界中を旅して収入を得ている人がいると知った時は驚きました。


その方は大須賀祐《おおすかゆう》さんという輸入ビジネスアドバイザーの方で、1年の半分以上を海外で過ごします。そして、あろうことか仕事でリゾート生活を満喫していたのです。

大須賀さんにとって一番大切なお仕事は、クライアントさんと一緒に海外の見本市に出掛けて、クライアントの代わりに独占輸入権の獲得交渉を行うことです。

独占輸入権というと、英語や専門用語を駆使したハードネゴシエーションを想像しますが、違います。終始なごやかに、世間話をするように楽しく、数分から数十分程度お話しするだけで商談成立です。そんなバカな！　って思いながらフランスの見本市に同行したのですが、本当でした。

私が狙《ねら》いを定めたのはワイン関連グッズのメーカーで、ブースでは来客用にワインのおつまみが提供されていました。大須賀さんがそのおつまみを「おいしい、おいしい」と嬉しそうに食べて楽しそうに雑談していたら、いつの間にか商談も成立です。

なぜそんな芸当ができるのかというと、大須賀さんにとっては独占輸入のアドバイスや交渉が趣味だからです。趣味だから楽しく続けられるし、趣味には定年がないので一生続けられる。

大須賀さんにとっては趣味でも、クライアントは独占輸入権を入手できるので、大須賀さんに感謝して報酬を支払います。つまり大須賀さんは、趣味を楽しみながら世界中を旅行して、クライアントからも喜ばれて、結果として収入を得ているわけです。

月商は多い時で２０００万円なので、たった1か月でサラリーマンの年収の数倍です。

大須賀さんの定宿《じょうやど》はプール付きの5つ星ホテルですから、空き時間を使えばリゾートライフだって思いのまま。見本市が終わった後は、ちょっと寄り道をして観光を楽しめます。そんな趣味の延長とはいえ、「業《ぎょう》」としてクライアントにサービスを提供して収入を得ている以上は仕事です。仕事のための出張旅費は経費で落とせます。

大須賀さんはお金のソムリエ協会の先生なので、お金のソムリエ協会のメンバーも独占輸入のノウハウを教わっていて、この1年だけで十数名のメンバーが独占輸入権を獲得しました。

例えば西村幸子《にしむらさちこ》さんは「ゆいクッション」という中国結びを応用したオシャレなクッションの独占輸入権を獲得。東急ハンズ32店舗で販売が始まったほか、女性に大人気の箱根の温泉宿でも採用。その後も、◯ーズデンキや◯フトなど超有名ショップからの引き合いが続いています。

西村さんはもともと、可愛《かわい》い雑貨屋さんやデパートの売り場を見て回ったり、SNSでどんな商品が流行っているかをチェックするのが好きでした。また、システム開発の仕事に長年携わっていたので、顧客のニーズやウォンツを考えるのが得意でした。だから、展示場で見かけた時「面白い！　可愛い！　日本で見たことない！」って瞬時にわかり、独占輸入権を獲得することができたのです。

埼玉県にお住まいの三国《みくに》和朗《かずお》さんは、輸出と輸入の両刀遣いです。ヨーロッパやアメリカを中心に日本の現代アートやポップカルチャーの品々を輸出したり、イギリスからアクセサリーなどを輸入。副収入だけで年間１０００万円以上です。

三国さんご夫婦は根っからの海外旅行フリークで、わが子にも幼い頃から世界を見せてあげたいと考えていました。副業と海外旅行を組み合わせて、輸出と輸入の両方を手がける発想はそこから来ています。

また、三国さんは、昔からアメリカンポップカルチャーが好きで、学生時代のアル

西村さんのゆいクッション

バイトもアメリカンポップの雑貨屋でした。社会人になってからも情報を仕入れているので、海外で日本の何が人気なのかトレンドを把握しています。そんな趣味と特技を活かしているのですから、うまくいかないわけがない。

そんな皆さんの共通点は趣味や特技を活かしているということ。好きなモノや趣味であればユーザー目線でお宝を発掘できるし、トレンドにも敏感です。結果的によいものを海外から安く仕入れて日本で販売できるので、お客さんにも喜ばれる。喜ばれるから収入が膨らみ、楽しめるから続けられるのです。

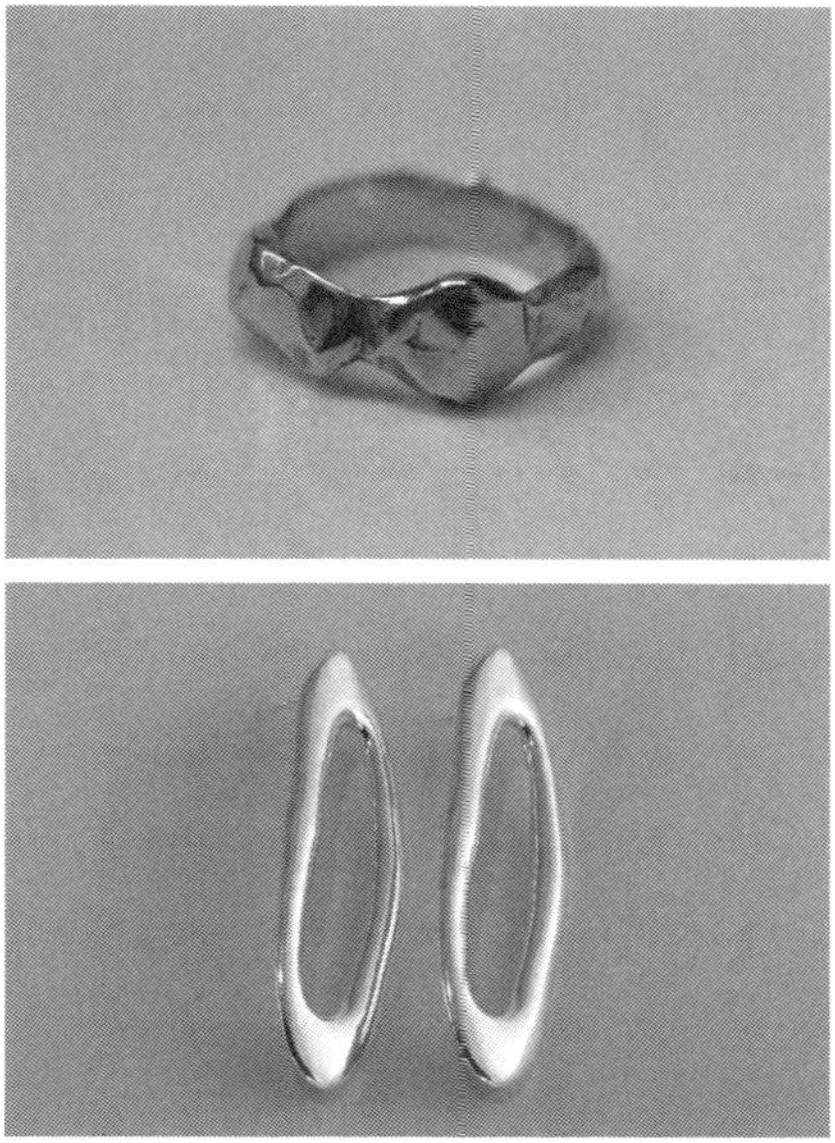
三国さんのアクセサリー

専業を卒業した人だけが、お金の不安から解放される

Q

副業も転職も考えずに勤務先一筋で定年まで勤め上げる生き方と、副業と転職とを視野に入れつつ柔軟に働く生き方と、どちらの方が裕福になれると思いますか？

Ⓐ 副業も転職も考えずに、定年まで勤め上げる生き方

Ⓑ 副業と転職とを視野に入れてフレキシブルに働く生き方

正解はⒷです。バブル崩壊以降、多くの企業が経営の安定化を優先し、人件費が安くて解雇しやすい非正規社員の比率を高めてきました。終身雇用と年功序列は過去の遺物《いぶつ》となり、家族のように従業員を大切にする企業は少数です。こうして過去最高益を更新する企業が続出しましたが、それと引き換えにサラリーマンの実質賃金は減り続け、雇用の不安が広まりました。

収入と雇用に不安がある以上、わが身と家族は自分で守るしかありません。そのために有効な手段が、起業・転職・副業です。なかでも安全かつ効果的な方法が副業。会社や役所というマネーエンジンに加えて、副業という名の自分だけのマネーエンジンをつくる方法がベストです。

ところが意外なことに、サラリーマンの96%は専業サラリーマンです。農家の7割は兼業農家ですが、農家以上にリスクが高まったサラリーマンの兼業率が4%というのは、あまりにも低すぎです。

働き方改革で政府が副業を認めて、「労働者は、勤務時間外において、他の会社等の業務に従事することができる」とモデル就業規則をつくった背景には、そんな危機感が隠れています。

このトレンドを敏感に察知した人が、いち早く副業を始めました。例えば、都内在住の古川美羽《ふるかわみわ》さんは今でこそ幸せそうですが、つい4年前まで不安な日々を送っていました。リーマンショックで勤め先が倒産し、再就職先がブラック企業で今度は自分が倒れ、結婚して幸せをつかんだと思いきや夫の会社が不祥事《ふしょうじ》を起こし、会社もご主人も危機的状況に追い込まれたのです。

そこで彼女が選んだ道は、夫のサラリーに頼る「専業」から脱け出して、夫婦で副業をする「兼業」という生き方でした。会社という1つのマネーエンジンだけに頼らずに、国内不動産や海外不動産など複数のマネーエンジンをつくったのです。お金のソムリエメソッドを実践しながら培《つちか》ったスキルを元に講師としても活躍。著者デビューまで果たしました。こうして古川さんは3年で、１０００万円を超える副収入と安心を手に入れることができたのです。

楽をすると失敗するが、楽しんでやれば成功する

Q

漢字は同じ「楽」を使いますが、「楽《らく》」をするのと「楽《たの》しむ」のは同じだと思いますか、違うと思いますか？

A 「楽」をするのも「楽しむ」のも、どちらもつらくないので似たようなもの

B 「楽」は受動的だが、「楽しむ」は能動的に何かをすることなのでまったく違う

正解はⒷです。「楽」をするとは、「何もしない」ということ。頭も使わなければ、体も使いません。「楽」の典型は寝ること。部屋でゴロゴロしたり無目的にボーッとテレビを見るのも同じです。

多くの人は、「楽」をして成果を出したい、「楽」をして儲けたい、「楽」をして幸せになりたい、と考えます。私もそんな安易な発想で株やFXをやりました。

でも、頭も体も心も使わないのですから、まともな成果など出るわけがありません。

これに対して、「楽しむ」時は、能動的に考えて行動するので、「楽」とは正反対です。考えるし、行動もするので、「成果」が出る。それがたとえ、遊びや趣味だとしても成果が生まれる。だから、遊びや趣味は仕事と同じくらい大切です。そもそも、仕事も趣味も遊びも、やっていることは同じこと。仕事と趣味の「共通点」と「違い」に気づくと、それがよくわかります。

通常は、生計《せいけい》を立てるための作業を仕事と呼んでいます。これに対して、趣味とは自由時間にハマっている「楽しみ」です。仕事の目的は「生計のため」で、趣味の目的は「楽しむため」ですから、目的はまったく違います。でも、やっている中身は仕事も趣味も同じで、どちらも「作業」をしています。

例えば、趣味でケーキをつくる人の目的は「楽しむため」ですが、ケーキ職人の目的は「生計のため」ですから目的が違います。ところが、やっている作業はどちらも「ケーキをつくること」ですので、やっている作業は同じなのです。同じ作業なのに、趣味であれば楽しくなり、仕事であればつらくなります。

なぜ、趣味であれば楽しくなり、仕事であればつらくなるのでしょうか？

趣味が楽しい理由は、やりたくて仕方なくて「自ら進んでやる」からです。その意味では「夢」や「憧れ」のために何かをやる場合も同じです。

これに対して仕事がつらいのは、会社や上司から命令されて、いやいや仕方なく「やらされている」から。同じ作業をやっているのに、自ら進んでやると楽しくて、やらされるとつらくなるのです。

これは仕事に限った話ではなく、学びや勉強も同じです。親から「勉強しなさい！」って叱られて「やらされている」勉強には身が入らないので、成績が伸びるわけがありません。

これに対して、遊ぶがごとく楽しく勉強するのであれば、自ら進んでやるので成績はグングン伸びます。親勉アカデミーの小室尚子《こむろなおこ》さんが提唱する「親勉」がまさにそれ。「親勉」とは、勉強を遊びに変えてわが子に与える家庭教育法のこと。カルタやトランプ、ポスターで遊ぶだけなので子どもは喜びます。遊んでいるうちに、中学受験に必要な知識が身について、難なく難関校に合格するというカラクリです。教える母親も一緒にゲームを楽しむだけなので受験知識は要りません。

勉強だろうが仕事だろうが、どうせ同じ作業をするのであれば、誰だって楽しい方がいいに決まっています。そして、あなたが好きなこと、大好きな趣味であれば、毎日何時間続けようが、その作業は楽しいはずです。だから、趣味や特技でやっていることの延長線上で、楽しみながら作業をするのがベスト。

もし本業でやっている作業が、あなたの趣味や好みと一致しているのなら、あなたにとってそれは天職です。表向きは「生計のため」に作業をしていますが、あなたにとっては「楽しむため」に仕事をしていることになる。建前では「仕事」ですが、実態は「趣味」です。

もし、本業でやっている作業が、あなたの趣味や好みと一致していなければ、天職ではありません。できるだけ早く本物の天職を見つけて、さっさと転職するか起業をすべきです。

でも、現実は甘くはありません。転職先は簡単には見つからないし、起業するにはリスクが高すぎる。だからこそ、帰宅後や土日の自由時間に趣味という「大好きな作業」をやるべきなのです。たとえ趣味でも、人様や社会に貢献して喜んでもらえれば感謝されるので、あなたのポケットに感謝の気持ちとしてのお金が届きます。こうして、実益を兼ねた趣味の規模を膨らませていく。大きく育った段階で、本業のサラリーマンや家事をセミリタイアすればよいのです。

偉人といわれる人は皆、好きなことに打ち込んで成功しています。アインシュタインさんもエジソンさんも。本田宗一郎《ほんだそういちろう》氏も松下幸之助《まつしたこうのすけ》氏も。イチローさんも羽生善治《はぶよしはる》さんも。成功者は皆同じパターンです。寝食を忘れるくらい大好きなことをやっている。どうしても実現したい夢に向かって没頭しているだけなのです。

大好きなことだから、朝から晩まで毎日続けられる。毎日コツコツ積み重ねることを苦痛だとは思いません。楽しみながら行動できるから、次第に成果が出るようになり、結果的にすごい状態が持続する。頑張っているように見えるかもしれませんが、それは外見が「仕事」に見えるから。世間から見たら「仕事」かもしれませんが、彼らにとっての実態は「趣味」なのです。彼らが成功したのは「才能があるから」だけではありません。大好きな趣味をコツコツ続けて、その成果が世の中の役に立ったからでもあるのです。

だからあなたも、趣味や特技を究めてください。それをどう活かしたら人様から喜ばれるのかを考えてみましょう。本当はやりたかったこと、やらずに後悔していることはありませんか？　もし心当たりがあれば、空いた時間でそれにチャレンジしませんか？　ＴＶ番組の「セブンルール」や「カンブリア宮殿」、「プロフェッショナル仕事の流儀」や「アナザースカイ」などを観るとヒントを得られます。今思いつかなくても、頭で考えたり悩むだけでは前には進まないので、とにかく何かをやってみてください。どうしてもわからない場合には、お金のソムリエ協会が開発した副業自動判定ツールがお役に立てるかもしれません。

そして、行動する時間をつくるために何かをやめてください。家でゴロゴロするのをやめる。無目的にテレビを見るのをやめる。惰性《だせい》で残業したり飲みに行くのをやめる。「楽」をしていたことこそが、真っ先にやめる対象です。

図3　「楽しむ」と「楽」の違い

第2章

妻が社長で子どもが株主、夫はよその会社員

とはいうものの…
大手銀行
大家になるのはいいけど副収入が発生すると住民税が増えて会社にばれるかもな～
忙しいから自分1人でやる時間もないし
なにかいい手はないかな…
ペラ
…ん？なんだこれ？
『林ビル』はオーナー企業なのに林社長の名前が株主欄に載っていないその代わりに合同会社林が筆頭株主になっている
なぜだろう…？
…林ビルの経理部長に聞いてみるか…

…あ〜 それは林一族の 資産管理会社だよ
林ビル株式会社
HAYASHI BUILDING
資産管理会社って 個人の資産を管理する 会社のことか？
ほぅ〜！ でもどうして わざわざ 資産管理会社を 作ったんですか？
そりゃぁ 節税に 決まっているよ
オタクも うちの社長の 役員報酬を 知ってるよね？
そこに 株主配当や 家賃収入が 加わると 税金が 跳ね上がるからね
その点 資産管理会社なら 税率は一定だ
経費の 範囲も広いから 税額もわずかだ
そういえば 日本の会社の 7割以上が 赤字で 所得税ゼロだけど
資産管理会社だから なのかも…

とにかく
いい話を
聞いたぞ！
そうだ！
今度上場する
うちの取引先も
社長が個人で
株を持っていたっけ…
それを
引き合いに出して
うちの銀行の
顧問税理士に
詳しい話を
聞いてみよう
小門税理士事務所
坂下さん
久しぶりだね
なんか
やつれた？
いえ
最近色々
気苦労が
…モゴモゴ
そんなことより
実はうちのお客さんが
上場するんですが
社長個人が大株主なので
資産管理会社を
提案しようと思っています
先生はどう
思われますか？

そうだね上場すると時価が上がるからその方がいいね
相続税対策にもなるよ
やはりそうですか！
ちなみに…小さなお店でも法人化した方が有利ですよね？
うんいいところに気づいたね
個人事業のままでは社長の給料は経費にならないからね
法人化すると社長の給料は経費になるしだいたいは税率18％だから税金がグッと減るよ
ついでに家も車も法人名義にすればタックスフリーだ
かっかっ
かっかっ
ケイマンのような租税回避地はタックス・ヘイブンだけど資産管理会社は税金天国だからタックス・ヘブンさ
ダジャレか…
でも先生…

その割には法人化しない個人事業主が多いですけど
赤字でも毎年7万円の住民税がかかるからですか？
だろうね
でも個人事業で食ってるならそこそこの収入があるから7万円の住民税を払ってでも法人化した方が安上がりだ
7万円をケチって税額が増えるんじゃ意味がないよ素人にはわかりにくいけどね
まあそのために顧問税理士がいるんですよね
そうなんだけどね税理士の半分は税務署のOBだ
事務手続きには詳しくても節税にはうとい人もいるから
ず
何より税務調査で睨まれるよりも無難にやり過ごした方が安全だしね
なるほど…税理士さんにも自分の生活がありますからね
それにしても零細法人にも税務調査は入るんですね

現金商売だとお金を受け取った証拠が残らないのをいいことに脱税する人が多いだから税務署も目を光らせてるよ
現金商売でなければ通帳に履歴が残るから大丈夫だけどね
コト
家賃が毎月振り込まれる大家業とかなら心配ないですね
あ…うちのお客さんにも大家さんが大勢いますが法人化した方がいいかもしれませんね？
ああ大家業はスパンが長いから法人化のメリットは大きいね
…あの…ふと思いついたんですが
例えば…専業主婦がプライベートカンパニーをつくって社長になりサラリーマンの夫も協力して
一緒に副業するってどうでしょう？
…ほう
面白いこと考えましたね
ある程度の副収入があればその方がいいですよ
社会保険料の問題とかハードルもあるけど悪くないアイデアだ

ぐっ
やっぱりそうか!
よし決めたぞ!
妻を社長にして大家業をやるんだ!
ありがとうございました!色々参考になりました!
いや…
…坂下さん よかったら顧問料まけとくよ
ニヤ
もちろん銀行には内緒でね…
な…っ 何のことですか～?

法律で優遇されているから
仮想人間は6800万円稼げる

Q

日本には382万人の仮想人間が住んでいて、彼らの平均年収は6800万円です。日本人の平均年収422万円の16倍ですが、なぜそんなに稼げるのだと思いますか？

Ⓐ 仮想人間は法律で優遇されていて税金が安くなるから

Ⓑ 仮想人間は、陰で悪いことをしているから

正解はⒶなのですが、なぜ仮想人間だけが優遇されているのか意味がわからないですよね。

仮想人間は、文字どおり仮想の人間なので、生身の体を持っていません。そのため、あえて日本にいる必要はなく、いつでも好きな国に移り住めます。もし彼らが一斉に海外に移住すると、日本のＧＤＰ（国内総生産）の約半分２６０兆円が消えてなくなり、日本の経済が破綻《はたん》する。そうならないように、国としては彼らを優遇せざるを得ないのです。

どうせ自分はリアル人間だから関係ない！ って思うかもしれませんが、大ありです。なぜなら、仮想人間には誰でも簡単になれるからです。どうすれば、仮想人間になれるかについては、後ほどゆっくり説明します。

ところで、仮想人間とは私の造語で、正式名を「法人」といいます。仮想人間をなぜ法人と呼ぶのか？ それは、法律が仮想でつくった人間だから。「法」でつくった「人」なので法人と呼んでいるにすぎません。

それだけの「たかが法人」ですが「されど法人」。日本は法治国家なので、国も税務署も法律に従わなければなりません。

だから法律どおりに、法人は個人よりも税金が安くなる。誰でも法人になれるし、すべての法人が優遇される。再現性があるのです。お金のソムリエメソッドの再現性の2つ目はここに由来します。

言葉の響きが重いので法人は縁遠く感じます。でも法人もピンキリで、社長1人だけの「なんちゃって法人」が圧倒的多数です。後でお話ししますが「なんちゃって法人」なら手間もコストもかかりません。

この「なんちゃって法人」は「自分＝法人」なので自分法人ですが、私は2006年当時から

これを「プライベートカンパニー」と呼んでいました。マンガで登場した「資産管理会社」のことです。

そして、妻にプライベートカンパニーの社長になってもらい、家族一緒に副収入を得る方法を「妻社長メソッド」といいます。「お金のソムリエメソッド」は3つのメソッドから成り立っているのですが、そのうちの1つが「妻社長メソッド」です。なぜ妻が

社長かというと、夫がサラリーマンで妻が主婦の家庭が多いから。家族構成や仕事に応じて、夫や親が社長でも構いません。

ところで、「仮想」という名前がつくモノに「仮想通貨」がありますが、日本で仮想通貨を持っている人は約350万人いるそうです（一般社団法人日本仮想通貨交換業協会）。仮想人間とほぼ同数ですが、仮想通貨でお金を増やせるかというと、残念ながら簡単には増やせません。

仮想通貨は法定通貨ではないので、国としては仮想人間（法人）のように法律で保護する理由がありません。将来の価格を予測することは不可能なので、株やＦＸ同様に再現性もありません。

だから私は、堅実にお金を増やしたい方には、仮想人間であるプライベートカンパニーをお勧めします。プライベートカンパニーを使って、「誰かが喜ぶこと」をやれば、お金はさらに勢いよく増え始めるからです。

オフィスも従業員もいらない！手軽なプライベートカンパニー

Q

プライベートカンパニーといえども会社です。会社である以上、オフィスや従業員は必要でしょうか？それとも不要でしょうか？

Ⓐ 会社なんだから、オフィスや従業員は必要

Ⓑ 自分と一心同体の仮想人間だから余計なものは何もいらない

答えは**B**です。会社は「法律が認めた仮想人間」なので、届け出さえ完了すれば余計なものは一切不要です。

私達がイメージする会社には従業員がいて、彼らは生計を立てるために働きます。それだけに、雇い主の責任は重大で簡単には解雇できません。

一方で、会社にとって一番大きな出費は人件費です。人を雇うとオフィスや作業場を借りなければならず、なおさら出費がかさみます。

そんな背景もあって、会社経営にはお金がかかるし、雇用や人事管理なども難しいというイメージがあります。

これに対して、プライベートカンパニーでは従業員を雇う必要もなければオフィスを借りる必要もありません。忙しければ家族に手伝ってもらえばいいし、自宅をオフィス代わりにすれば十分だからです。仮想人間としての住民税は均等割《きんとうわり》で年間7万円かかりますが、月額にすると6000円です。

お寺や神社を真似すれば、資産はずっと増え続ける

Q

お寺や神社を真似すれば資産はずっと増え続けますが、なぜかわかりますか？

Ⓐ お布施《ふせ》やお賽銭《さいせん》、寄付などでお金を集めることができるから

Ⓑ お寺や神社には税金がかからないから

正解は**B**です。世界で一番儲かっていて、資産が潤沢《じゅんたく》な業種は宗教業です。教会や神社仏閣《じんじゃぶっかく》には数千年の長い歴史がありますが、資金繰《しきんぐ》りに行きづまって倒産したという話はあまり耳にしません。それどころか、世界中の大都市の一等地には必ず巨大で荘厳な教会や神社仏閣が建っています。

なぜ、宗教法人には潤沢な資産があるのか？　答えは税金です。税金こそが、宗教法人とそれ以外の法人との決定的な違いです。宗教法人の収入には税金がかかりませんし、固定資産税もありません。収益事業には19％課税されますが、２割を損金《そんきん》扱いにできるので実質的な税率は破格の15％です（会社等の法人税は実質約40％）。

これだけでも凄《すご》いのですが、地下鉄の駅から徒歩5分のお寺の境内《けいだい》で賃貸マンションを経営するお坊さんから、もっと凄い話を聞きました。そのお坊さんはプライベートカンパニーで大家業をしているのですが、非課税の宗教法人を隠れ蓑《みの》に使って、大家業も事実上非課税になる仕組みを税理士と一緒に構築したそうです。坊主丸儲けと言われますが本当でした（笑）。

法律で守られて様々な特権を与えられているのは宗教法人だけではありません。入《いり》会権《あいけん》や財産区、官庁の外郭団体や在日特権のように特定のメンバーだけが利潤を得られたり、その他有形無形の優遇を受けられる仕組みは無数にあります。

私達には宗教法人も特権団体もつくれないので関係なさそうですが、そんなことはありません。〝非課税〟は無理ですが、ひと財産つくれるくらいの税金の優遇であれば受けられるからです。その秘策が、プライベートカンパニーなのです。

タックス・ヘイブンが終わり、タックス・ヘブンの時代が始まる

Q

パナマ文書で知られるタックス・ヘイブン（租税回避地《そぜいかいひち》）ですが、次のどちらが正しいと思いますか？

Ⓐ 法律違反ではないので、選択肢の1つとして許される

Ⓑ 法律で許された節税法ではないので、やってはいけない

正解はⒷです。パナマ文書とは、タックス・ヘイブン利用者の詳細データ21万件以上が、パナマの法律事務所から漏洩《ろうえい》した事件です。世界中の政治家や企業家が税金逃れをしていることがバレて大騒ぎになりました。

パナマやケイマンなどのタックス・ヘイブンにある法人のほとんどは、オフィスなどの実態がないペーパーカンパニーです。その多くが税金を逃れるためや、犯罪絡みの資産を隠すマネー・ロンダリングに使われています。

だから、租税回避というのは、法律が正式に認めている節税ではなくて、実質的には違法な行為だと思ってください。そんなおかしな状態が放置されるわけがなく、各国政府やOECD（経済協力開発機構）からの圧力が強まっていて、タックス・ヘイブンはいずれ機能しなくなると思います。

そこで脚光《きゃっこう》を浴びるのが、合法的なタックス・ヘブン（税金天国）。消費税がかからない免税店のタックス・フリーは有名ですが、所得税が激減するタックス・ヘブンはまだまだ一般には知られていません。とはいえ、その威力は消費税の免除とは比較にならないくらい強力です。

もちろんあなたも、プライベートカンパニーをつくるだけでタックス・ヘブンに行けます。法律で正式に認められた仕組みを使うので安心です。プライベートカンパニーでは、社会に役立つ形でお金が使われるので社会貢献にもなる。結果として人様から喜ばれて、さらにお金が増えるという好循環が生まれるので、後ろめたさもありません。

税金にはネガティブなイメージがありますが、税金ほど素晴らしい仕組みはありません。もし世の中に税金がなかったとしたら、稼いだお金を使わずに貯め込む人が増えてしまいます。水や空気は流れ続けないと淀《よど》みますが、お金もこれと同じで、たえず循環し続けないと経済が淀みます。

そうならないように税金は、お金を有効に使った人に対してはこれを経費として認めて税額を軽くして、使わなかった人ほど黒字幅を大きくして、罰金のように税額が増える仕組みになっています。

経費とは、明日以降の売上を増やすための投資のことなので、経費を使った会社ほど将来の売上が伸びます。使われた経費は世の中に循環するので、経費が使われるほどＧＤＰも増加する。つまり経済が成長するので社会貢献になります。

これとは反対に、経費を使わない会社は将来の売上も増えない上に、稼いだお金を税金として国に召し上げられます。その税金は、議員定数増員のための費用、政治家や外郭団体の利権、来日した外国人の高額医療費、補助金としてバラまかれます。

プライベートカンパニーをつくると家も車も経費になるって本当？

Q

プライベートカンパニーでは、家や車にかかる費用は経費になると思いますか？

Ⓐ 仕事で使ったことを証明できる範囲であれば経費になる

Ⓑ 個人事業と違ってプライベートカンパニーでは原則として経費になる

個人事業の場合には、経費にできる支出は例外扱いなので節税できる範囲が限られますが、プライベートカンパニーの支出は原則として経費なので**B**が正解です。

仮想人間（法人）は平均６８００万円稼いでいますが、その99・４％は零細《れいさい》企業。その大半がプライベートカンパニー、つまり私達個人と同じです。

彼らがなぜ、そんなに稼げるのかというと、収入から引かれる税金が圧倒的に少ないからです。税金が少ないからお金が増える。増えたお金を次の投資に振り向けられるのでさらにお金が膨れる。膨れあがったお金をさらに次の投資に振り向けられるので永遠に増え続ける。そんな雪だるま式の好循環が生まれます。だから税金をあなどってはいけません。

こうした仕組みは、法人を想定して組み立てられています。だから、個人事業にするよりも、プライベートカンパニーにする方が、色々な出費を経費化して節税することができるのです。

例えば、社長の給料は個人事業のままでは経費になりません。ところがプライベートカンパニーであれば社長の給料が経費になるので、その分を節税できます。仕事で使う車をプライベートカンパニー名義にすれば、車に関連する出費も経費です。個人事業の場合には、私用と業務利用とに厳密に分けて按分《あんぶん》計算しなければなりません。マイホームについても、

個人で買わずにプライベートカンパニーに買ってもらうか借りてもらって社宅にすれば、驚異的な節税が可能になります。

個人事業とプライベートカンパニーとで、どれだけ差がつくかをシミュレーションしたのが図4です。

わかりやすくするために、経理処理がシンプルなセミナー講師兼コンサルタントという副業をイメージしてつくってみました。福利厚生などの社内規定をすべて整えて、プライイ

図4　個人事業とプライベートカンパニーとの収益比較

副業の税金計算

（単位：万円）

	個人事業	プライベートカンパニー
売上高	1,000	1,000
旅費交通費	100	200
社宅家賃	0	240
社長の給料	0	500
その他	60	60
税金計	208	7

プライベートカンパニーの社長の税金

個人の税金合計		52.6

以下は合算

税額合計	208	60
住居費	240	240
手残り	392	540

ベートカンパニーで役員社宅を賃借している前提で計算しています。また、セミナーへの登壇《とうだん》やコンサルティングのため出張が多く、旅費交通費のウェートが高いケースです。一般的に、国民年金（個人事業）よりも厚生年金（プライベートカンパニー）の方が有利なのですが、ここでは同等と考えて、社会保険などは無視しました。

この事例では、個人事業のままでは手元には３９２万円しか残らないのに、プライベートカンパニーでは５４０万円も残る結果になっています。その差は1年間で１５０万円ですから、10年続ければ１５００万円の差がつきます。

なぜこんなに違うのか？　答えは単純です。プライベートカンパニーを使うと、お金が外に出ていかないからです。お金が外に出ていく原因は2つだけ。「支出」と「税金」です。だから、この2つを減らすまで。税金を減らすために支出を増やす人がいますが、お金が貯まらないのでやめましょう。

支出を増やさずに税金を減らす方法は3つしかありません。所得控除《しょとくこうじょ》・減価償却《げんかしょうきゃく》

（216ページ）・社内規定などを活用して、お金が出ていかない経費を増やす。法人と個人の税制の違いを活かす。所得を家族に分散する。この3つ以外にはありません。この3つを漏れなく有効活用できる仕組みこそが「妻社長メソッド」なのです。

妻社長メソッドは、飛行機が目的地に短時間で到着できる仕組みと似ています。妻社長メソッドを飛行機に例えると、プライベートカンパニーが翼で、マネーエンジン（副業）がジェットエンジンです。

プライベートカンパニーという翼で浮力が生まれ、タックス・ヘブンという上空を飛べるので税金という障害物が減り、スピードが出ます。マネーエンジンというジェットエンジンは趣味嗜好や特技で出来ているので燃費がよくてハイパワーです。副業がマネーエンジンであれば、本業のエンジンが故障しても大丈夫です。

これに対して専業サラリーマンには、会社や役所という非力なエンジン1つしかありません。1つしかないので、倒産したり解雇された瞬間に停止します。しかも、専業サラリーマンにはプライベートカンパニーという翼がないので、いつまで経っても飛べません。非力なエンジン1つで、滑走路を一生走り続けるしか術《すべ》がないのです。

図5　妻社長メソッドと専業サラリーマンの違い（イメージ図）

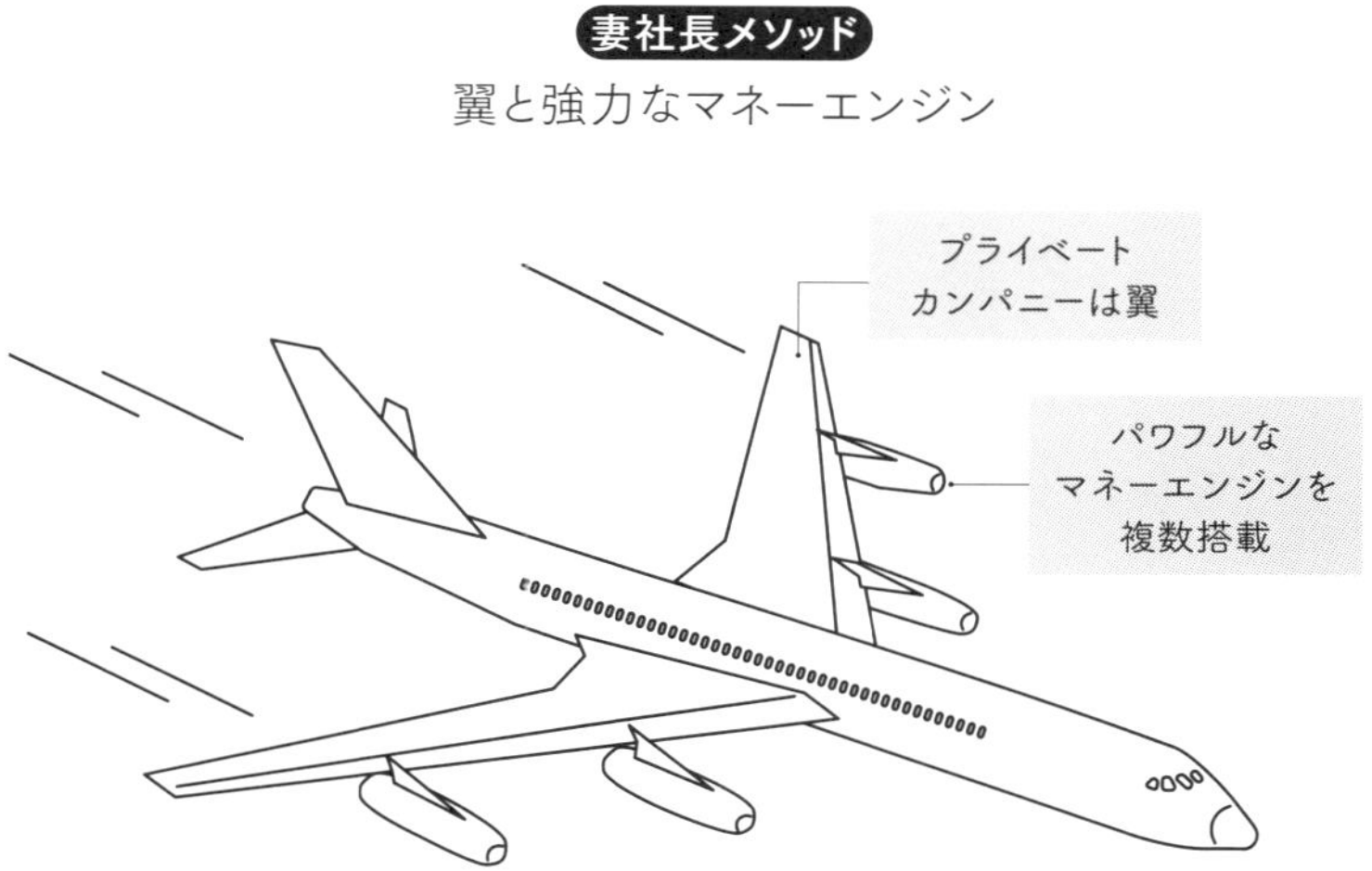

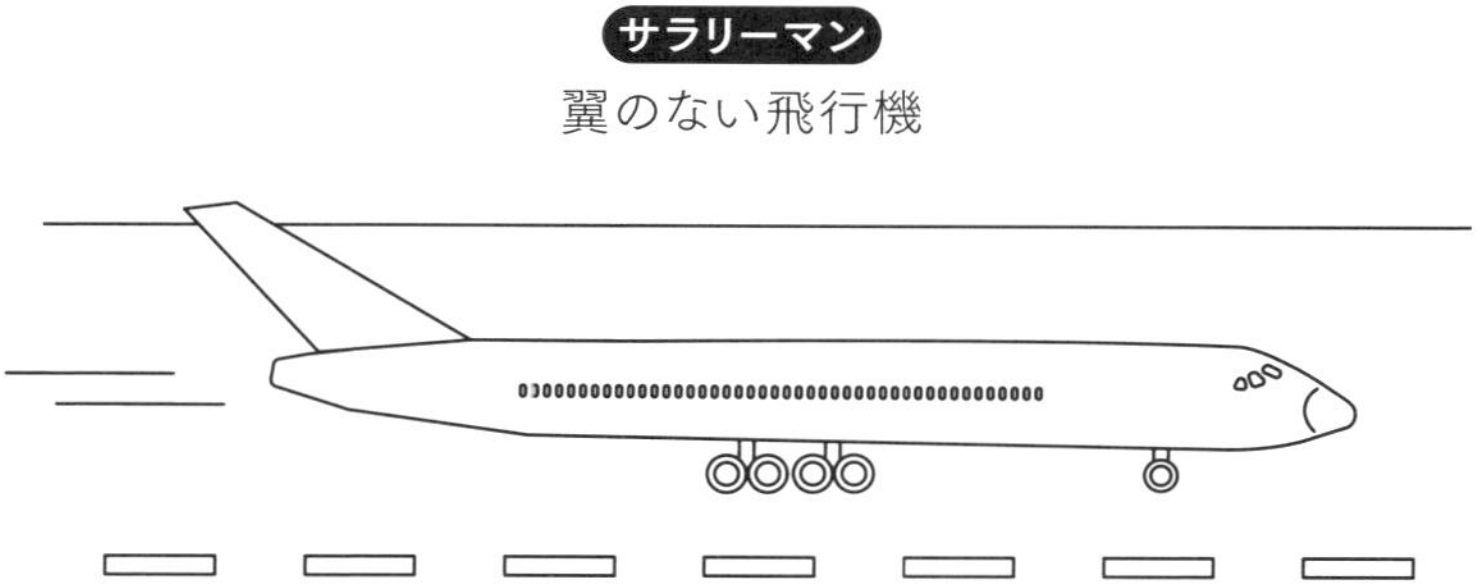

フリーランスにこそ必要不可欠なプライベートカンパニー

Q

フリーランスにこそプライベートカンパニーが不可欠ですが、なぜでしょうか？

Ⓐ プライベートカンパニーをつくらないとフリーランスになれないから

Ⓑ フリーランスは専門性が高く、それだけ高収入を得られる可能性が高いから

正解はⒷです。会社組織に属さないで仕事をしている人を、ひとくくりにフリーランスといいます。高収入を得るためにも、プライベートカンパニーは不可欠です。

アメリカでは3人に1人がフリーランスなので社会的にも認知され、平均年収も1000万円を超えています。これに対して日本では、圧倒的多数がサラリーマンで、フリーランスは少数派です。そのため認知度が低く、税制や社会保障などの法整備が進んでいません。個人事業だからというだけで、不当に軽んじられたり、理不尽《りふじん》な取引条件を突きつけられる。実力よりも肩書や会社形態などの外見で判断するカルチャーが日本に根強く残っています。

フリーランスは、特定の企業に雇われずにプロフェッショナルとして自立した生き方をしています。技能と才能がなければフリーランスにはなれません。それくらいフリーランスは有能ですが、才能に見合った待遇を受けているかと言うと、残念ながら不十分です。政府も重い腰を上げて、2020年からフリーランス減税を始めますが、雇用保険などの社会保障も含めてトータルで考えなければ効果は限られます。

だからこそ、フリーランスはプライベートカンパニーをつくって、自己防衛すべきです。プライベートカンパニーさえ身にまとえば、れっきとした法人となりますから、法人税制の恩恵や社会保障制度の恩恵などをすべて受けられます。これまでに説明してきたあらゆる特権が手に入るのです。

また、個人事業主と違って、社会的な信用度も格段に上がるので、取引条件も有利になり、ビジネスチャンスも広がります。

日本もアメリカも、今後ますますフリーランス人口が増加します。これからの日本の社会を牽引《けんいん》するメインエンジンは技能と才能を秘めたフリーランスであり、フリーランスからスタートアップした起業家です。そんなフリーランスにこそ、妻社長メソッドを使い倒して欲しいと思います。

夫がよそで稼ぐから妻は社長になれる

Q よそで夫が稼ぐから妻は社長になれるのですが、なぜかわかりますか？

Ⓐ 夫の収入が安定していて、プチ起業の不安定さをカバーしてくれるから

Ⓑ 企業戦士の夫は、世界一優秀なビジネスブレーンだから

どちらも正解です。社会人の8割は会社員や公務員のようなサラリーマンです。サラリーだけで経済的に自由になることはできませんが、その代わり「安定性」は抜群ですし、社会保障も世界トップクラスです。日本は世界で一番社会主義に成功した国だと言われるだけあって、労働者であるサラリーマンに優しい。サラリーマンはこのように収入と社会保障の安定性が高いので、リスクの高い起業家の道を選ぶ人は少数派です。

一方で、好きな時に好きなことができる自由への憧れも捨てきれません。自由になるためにはお金が不可欠ですから、誰もが裕福な生活に憧れる。

そこで登場するのが、妻社長メソッド。妻社長メソッドの一番オーソドックスなスタイルは、夫がよそのサラリーマンで、妻がプライベートカンパニーの社長という組み合わせです。

わが家の場合には、妻が大家業を営むプライベートカンパニーの社長で、私はよその会社（銀行）のサラリーマンでした。私が毎月給料を稼ぐので生活費の心配は要りません。だから妻の大家業から得られる収入を、借金の返済や次の新しい投資に向けることができました。

このような形で役割分担することで、サラリーマン特有の安定収入を夫が確保し、起業家としての高収入を妻がもたらします。

妻が社長になるから家事と本業を副業と両立できる

Q 妻が社長になるから副業との両立ができるのですが、なぜかわかりますか？

Ⓐ 専業主婦であれば、家にいながら副業できるから

Ⓑ ほとんどの作業はネットでできるので、外出する必要がないから

どちらも正解です。夫が会社員や公務員のようなサラリーマンの場合には、副業を禁止されているケースがほとんどです。そんな場合に威力を発揮するのが、副業禁止規定に抵触しない家族の誰かに社長になってもらう方法です。もし、妻が専業主婦なら、妻が社長になるのがベストです。

もちろん主婦業は想像以上に忙しいですし、子育てママの忙しさはハンパではありません。それだけに、家にいながら副業できるなら、それに越したことはありません。そして今はネット環境が充実しているので、ほとんどの副業は家にいながら対応できます。いわゆるスモールオフィス・ホームオフィス（SOHO）です。

忙しい中でも家事をやりくりできるのは、ひとえに「主婦力」のおかげ。ノルウェー科学技術大学の研究結果によると、男性よりも女性の方が記憶力がよいそうです。ペンシルベニア大学の研究によると、男性よりも女性の方が細かい気配りできるのだとか。ニューヨーク市立大学の研究では、色彩感覚が優れているのも女性。男性は女性に比べて色覚障害の人が多いので、確かにうなずけます。その他、言語能力やコミュニケーション能力が高いのも女性ですし、相手をやる気にさせてモチベーションを上げるのがうまいのも女性です。

一方でストレス耐性は女性よりも男性の方が優位です。だから、責任を取る能力は男性の方が優れている。管理職は女性よりも男性の方が多いのですが、そんな背景があるのでしょう。

かたや日本のサラリーマンも優秀です。そんなサラリーマンの夫は、プライベートカンパニーにとって最も頼もしいビジネスブレーンです。会社では十分に発揮しきれない隠れた才能を発揮する場として、プライベートカンパニーはうってつけです。

そうであればこそ、日常の実務は主婦力がある妻が社長となって仕切り、何かあった時に相談に乗ったり責任を取ったりする役割は夫が引き受けるのが理想的です。

もちろん夫が副業禁止でない場合や専業主夫の場合は、夫が社長でも構いません。夫婦ともに副業禁止の会社に勤めているなら、夫か妻の両親のうち仕事をしていない誰かに社長になってもらう選択肢もあります。独身者の場合も同様です。

子どもを株主にすれば相続税はかからない？

Q

次のどちらの方が相続税がかからないと思いますか？

Ⓐ 資産をできるだけ不動産などに替えて、金融資産を少なくする手法

Ⓑ プライベートカンパニーに全財産を集めて、子どもをその株主にする手法

Ⓐの方法は有名ですが、それ以上に凄いのはⒷの方法です。相続が3代続くと財産がなくなる、といわれます。子どもが複数いると資産が分割されるし、資産が多ければ多いほど、相続税は莫大《ばくだい》になるからです。

それでもお金持ちの多くが昔からのお金持ちなのは、資産管理会社、つまりプライベートカンパニーを持っているからです。

資産をプライベートカンパニーに集めるだけで、その所有権を子どもに継がせて資産を移転できます。プライベートカンパニーの相続税評価額は、実際の価値よりも極端に低くなるカラクリがあるので、相続税を大幅に減らせるのです。

例えば森ビルの創業者である森泰吉郎《もりたいきちろう》氏は、4人の子どものためにプライベートカンパニーを4社つくり、相続税による目減りを防ぎました。森氏の資産総額は1兆円超と言われていましたが、相続財産の評価額はそのたった0・3％の約39億円だったそうです。金融資産よりも相続税の評価額が低い不動産の比率が高かったことに加えて、プライベートカンパニーを上手に活用したことが効いている。私はそう推測しています。

相続税を減らせるだけでも十分に凄いのですが、特に凄いのが創業者から2代目へのバトンタッチです。創業者とはあなたのこと。あなたや配偶者がつくったプライベートカンパニーが軌道に乗ってきた段階で、あなたの子どもにも出資してもらい、プライベートカンパニーの所有権を子どもに移す。個別性が強いので具体的な手順は省きますが、そうすると相続税さえかかりません。

あなたが生きた証《あかし》、思いと功績が子々孫々《ししそんそん》に語り継がれる

Q

あなたがこの世に生きた証を残しやすいのは、どちらだと思いますか？

Ⓐ たくさん写真を撮って、ブログやＳＮＳに残す

Ⓑ 社会貢献しながら金の卵を生み続けるプライベートカンパニーをつくって残す

Ⓑが正解です。フェイスブックには追悼《ついとう》アカウントという仕組みがありますし、ブログもその維持費を誰かが負担し続ければ、写真や日記を残すことは可能です。とはいえ、子どもや孫はそれを見るかもしれませんが、そのうち誰も見なくなります。

この点、プライベートカンパニーであれば、あなたがつくった仕組みは「家業《かぎょう》」として残ります。家業として子々孫々に引き継がれれば、創業者であるあなたのことも語り継がれる。起業する時の趣意書《しゅいしょ》、決算報告書の決算概要などに、あなたの考え方を載せたり、企業理念を打ち出すことで、あなたの思いと功績が子々孫々へと自動的に引き継がれていきます。

子どもや孫が頑張って家業を拡大すれば、１００年後には誰もが知っている超有名企業として、ウィキペディアで紹介され、歴史に名を残すかもしれません。

例えば、トヨタグループの創始者は豊田佐吉《とよださきち》氏ですが、佐吉氏が創業した豊田自動織機《しょっき》製作所の中に自動車部が誕生したのは佐吉氏の死後でした。だから佐吉氏は、自分が創業した会社が１００年後に世界最大の自動車メーカーになっているなんて、夢にも思わなかったはず。三井財閥の三井高俊《みついたかとし》氏も、三菱財閥の岩崎弥太郎《いわさきやたろう》氏も、住友財閥の住友政友《すみともまさとも》氏も同じです。

あなたが信じることを企業理念として明文化し、プライベートカンパニーを通じてそれを実現。多くの人に喜ばれて感謝されて裕福になり、その仕組みが子々孫々と受け継がれていく。１００年後の未来には世界中の誰もが知っている企業に成長する。そんなふうに想像すると、どんどん夢が膨らみます。

私にもそんな夢があります。私の夢はお金のソムリエメソッドを世界中に広めること。お金のソムリエメソッドを実践すれば、人様や社会に貢献できて感謝されるので、誰でも裕福になれます。すべての人が誰かに貢献して感謝されて裕福になれば、犯罪や戦争は消え失せるはず。

だから私は、「お金を通して家族の幸せを実現する」サポートを始めました。そのためにお金のソムリエ協会という非営利型の一般社団法人をつくりました。裕福になる能力を身につけた人を認定講師に任命して、お金のソムリエメソッドを広めるお手伝いをしていただく仕組みもつくりました。

あなたにも1つや2つは後世に残したいことがあるのではないでしょうか。できるなら人様や社会に喜ばれる仕組みをつくって、子孫のために役立てたいですよね？　それが後世で評価されて本や辞書やウィキペディアで紹介されたら嬉しいですよね？　一度きりの人生です。せっかくこの世に生まれてきたのですから、家族と一緒にその夢を育ててみませんか？

だから会社にも同僚にも友達にもバレない

Q

個人で副業する場合と、プライベートカンパニーで副業する場合とでは、どちらの方がバレにくいと思いますか？

A うまくやれば個人事業でもバレずに副業できる

B プライベートカンパニーの方が圧倒的にバレにくい

正解はⒷです。政府は副業を推奨していますが、大半の会社は副業を認めていません。就業規則違反で降格されたりクビになるリスクがあるので、おいそれと副業はできません。

会社が副業を容認している場合でも、上司や同僚から嫌がらせを受ける可能性があるので秘密にした方が安全です。

この点、個人として副業をすると住民税の確定申告がきっかけで、副業していることが会社にバレやすくなります。住民税の普通徴収《ふつうちょうしゅう》（自分で納付）を選択すれば、勤め先には住民税の請求がいかないのでバレないと言われますが、そんなことはありません。

特に大家業で気をつけなければならないのですが、副業が赤字の場合には住民税還《かん》付《ぷ》が発生するので勤め先にバレます。その他、副業収入が給与収入の場合などにもバレる可能性があります。

また、個人で副業する場合、契約書の名義も、所有権などの名義も、収入を受け取る口座も、すべて個人名義の本名となりますから、そこからバレる可能性もあります。

　これに対して、プライベートカンパニーであれば、酒の席で酔って自慢話をしない限り、バレることはありません。なぜなら、プライベートカンパニーは仮想人間だから。仮想人間なので本名を名乗る必要はなく、好きな名前をつけられます。住所についても、両親の住所やバーチャルオフィスの住所を借用することもできます。

　万が一プライベートカンパニーの存在がバレたとしても、自分自身が社長や役員になっているわけではないし、家族の家業を手伝うことは副業ではないので、やましいことは何もありません。

　私が現役時代に本を出せたのも、妻のプライベートカンパニーがあったから。『お

金のプロに聞いてみた！　どうしたら定年までに３０００万円貯まりますか？』（フォレスト出版）の中で、銀行の裏側をありのままに書けたのもプライベートカンパニーのおかげです。私は顔出ししていないので所属していた銀行名が特定されることもなく、内情をどんなに暴露しても古巣に迷惑をかけることがありませんでした。

だから健康保険や年金保険など社会保険の心配はいらない

Q プライベートカンパニーには社会保険への加入義務があると思いますか？

Ⓐ 従業員を雇わなければ社会保険に入らなくても大丈夫

Ⓑ 社長や役員に報酬を支払わなければ社会保険に入らなくても大丈夫

Ⓐ・Ⓑいずれか1つでは不十分ですが、両方満たせば大丈夫です。プライベートカンパニーをつくった後、日本年金機構から「厚生年金保険・健康保険の加入状況にかかる調査票」が届きます。これにちゃんと回答しても、社会保険に加入しない限りずっと、「来所通知書」という恐ろしげな赤紙が送られてきます。

「事業所には厚生年金保険と健康保険への加入義務があるので、指定日時に来所の上、手続きをしなさい。従わない場合には、立入検査を行います。立入検査を拒んだ場合には、罰則が適用されます」。要約すると、そんな趣旨のことが書かれています。

日本の財政悪化の原因は、社会主義国よりも手厚い世界最高水準の社会保障です。医療や介護、年金や生活保護などが至れり尽くせりなので、世界中から日本に大挙して移民が押し寄せています。「経営・管理ビザ」で入国して、月額4000円の健康保険料で1000万円以上のがん治療を受けている中国人患者もいるそうです（2017年5月24日　ダイヤモンド・オンライン、2018年3月30日、NHKニュースおはよう日本など多数）。

厚生年金保険・健康保険の加入状況にかかる調査票

貴事業所の現状等につきまして、下記の項目に回答いただきますようお願いいたします。

☆ 回答年月日、事業所名、所在地、電話番号、ご担当者氏名をご記入ください。

＊回答年月日　平成　年　月　日

＊事業所名称　（設立年月日　S・H　年　月　日）

＊事業所所在地（労務管理を行っている場所をご記入ください）

＊電話番号　－　－　＊ご担当者氏名

1　事業の内容についてご記載ください。（建設業、情報通信業、卸売業、小売業、不動産業、飲食店　など）

事業の内容	

2　現在、厚生年金保険・健康保険に加入されていますか。（該当する記号に○を付してください）

記号	加入状況
ア	厚生年金保険・健康保険に加入している。（本社等にて加入手続きが行われている場合を含む） ※厚生年金保険・健康保険の事業所整理記号をカッコ内にご記入ください。（　－　）
イ	共済組合に加入している。※共済組合名をカッコ内にご記入ください。（　）
ウ	厚生年金保険・健康保険に加入していない。
エ	個人事業所であり厚生年金保険・健康保険に加入していない。

（上記で「ウ」または「エ」を選択された場合は、下記3～5についてもご回答ください）

3　役員（事業主や監査役なども含む）または従業員について、その人数と内訳をご記入ください。

			役員を含めた全員の内訳		左記のうち事業主本人とその親族の方の人数
内訳	① 役員（報酬の支払い有り）	常勤		人	人
		非常勤		人	人
	② 役員（報酬の支払い無し）			人	人
	③ 常時使用されている従業員			人	人
	④ パートタイマー（週の総労働時間がおおむね30時間以上）			人	人
	ー（週の総労働時間がおおむね30時間未満）			人	人
	合計			人	人

含めた全員について、年代別人数を教えてください。

20歳代以下	30歳代	40歳代	50歳代	60歳代	70歳代以上
人	人	人	人	人	人

険に加入していない理由を教えてください。（該当する記号に○を付してください。）

理由
けた手続きを進めて（考えて）いる。
金・報酬の支払を行っているが、社会保険の加入手続きを行っていない。 ①保険料の負担が困難　②従業員の同意が得られない　③手続きが面倒である かに○）〕　④加入にメリットを感じない　⑤加入要件を知らなかった ⑥その他（　）
月頃から事業を休業しており、事業再開見込みは平成　年　月頃又は未定。
月で事業は廃止しており、現在においても事業は行っていない。
の（　）

した。

平成30年11月30日

事業主　様

日本年金機構
[redacted]年金事務所長

来所通知書

厚生年金保険・健康保険は、労働者の医療保障及び所得保障のために極めて重要な役割を担うものです。このため、法律により「法人の事業所」に加入が義務づけられており、事業主や従業員の意思により任意に加入・脱退できるものではありません。

貴社においては、厚生年金保険・健康保険の加入が確認できないため、これまで文書によるご案内等をさせていただきましたが、加入手続き又は状況について確認することができませんでしたので、すみやかに加入手続きをお取りいただくため、下記の日程の間にご来所いただくようご案内いたします。

ご来所時に勤務実態を聞かせていただき、新規適用届の記入方法、必要書類をご案内いたします。

なお、ご来所等が無い場合は、被保険者となるべき方々の権利を保護するため、厚生年金保険法第１００条及び健康保険法第１９８条に基づく立入検査を行う場合があります。

※　立入検査とは、厚生年金保険法及び健康保険法に基づくものであり、検査や賃金台帳の提示を拒んだりすることは出来ません。仮に拒まれた場合には、厚生年金保険法第１０２条及び健康保険法第２０８条の罰則が適用されます。

日　時：平成３０年１２月１８日（火）～平成３０年１２月２５日（火）【土日祝除く】
《午後１：００～４：３０》

場　所：[redacted]年金事務所　厚生年金適用調査課

※　上記日程が不都合な場合や日程の変更を希望される場合、又は既に加入手続きがお済みの場合等については、お手数ですが下記までご連絡いただきますようお願いいたします。

（問い合わせ先）
[redacted]
日本年金機構　[redacted]年金事務所
厚生年金適用調査課

「調査表」と「来所通知書」

こうして増える社会保障支出を賄《まかな》うためにはお金が必要ですが、その原資は政府の借金と私達が払う税金と社会保険料です。

ところが、社会保険料を支払っていない事業所が多いので、年金機構としても必死です。未加入事業所を調べて、加入を促しているわけです。

国民皆保険《こくみんかいほけん》といって、健康保険と年金保険には全員が加入しなければならないので、年金機構には頑張って欲しいところです。

その一方で、趣味や副業のためだけにプライベートカンパニーをつくったのであれば、最初のうちは社会保険料を支払う余裕もありません。また、夫も妻も会社か役所経由で社会保険には加入済みで、給料から年金保険料と健康保険料を天引きされています。副業が育って大きくなれば別ですが、それまでの間は社会保険料の出費を抑えたい、というのが本音です。そして実は、そのような場合には、社会保険料の支払いをする必要はありません。

ケースに応じて様々な対処法がありますが、本書では一番確実で簡単な方法をご紹介しましょう。

具体的には従業員を雇わず、かつ、役員報酬もゼロにしてください。人件費がゼロであれば、社会保険料を徴収しようがないので、加入を強制されることはありません。もちろん、報酬がゼロの場合でも、出張旅費などは経費で落とせますから、ご安心ください。

念のため年金機構にも確認しましたが、給料や報酬を支払っていない場合には、加入しなくてもよいとのことでした。その場合でも勤務先経由で社会保険には加入しているので、国民皆保険というルールはしっかり守れます。

3時間と7万円あれば
パソコン1つで会社をつくれる？

Q 会社をつくる費用はどのくらいかかると思いますか？

A 7万円以下

B 15万円（収入印紙代4万円＋登録免許税6万円＋司法書士報酬5万円）

Ａが正解です。プライベートカンパニーは「なんちゃって法人」ですが、れっきとした会社です。会社を設立するわけですから、それなりの手続きと費用が必要になりますが、3時間と7万円で完了します。

以前は司法書士などに依頼することが一般的でしたが、印紙代がかからない「電子定款認証《ていかんにんしょう》」方式が浸透したため、会社設立は身近になりました。「会社設立ひとりでできるもん」というサイトを使うと、あっけないくらい簡単につくれます。

例えば合同会社をつくる際には登録免許税が6万円かかります。司法書士手数料は4〜13万円なので、トータル10〜20万円になります。

ところが、「会社設立ひとりでできるもん」では、登録免許税6万円の他にはシステム利用料・電子定款作成料だけなので、総額7万円未満でつくれます。作業自体も3時間程度で完了します（https//www.hitodeki.com）。

会社といえば株式会社ですが、こだわりがなければ合同会社にしましょう。株式会社設立には20〜30万円かかりますが、合同会社は7万円で済むからです。合同会社は株式会社と違って運営の手間暇も少ないし、得られる効果は株式会社と遜色《そんしょく》ありません。

そんな合同会社ですが、簡単につくれる代わりに落とし穴もあります。設立時に定款という会社のルールを決めなければなりませんが、出資額や事業目的などは千差万別なので自分で考える必要があります。ネットで見つけた見本を参考にする方法もありますが、あくまでもサンプルなので穴だらけです。これらを解説すると本1冊になるので割愛《かつあい》しますが、万全を期されたい場合には専門家に相談することをお勧めします。お金のソムリエ協会のセミナーでも学べますし、最新情報と特典も盛りだくさんです。

めんどうな作業はAIとふせんに任せて、楽しいことに専念しよう

Q

めんどうな作業はAIとふせんに任せて、自分は好きなことに専念した方がお金は増えるのですが、なぜかわかりますか？

A ルーティン作業や検索・演算等はAIの得意分野だから

B ふせんを使うと、脳に埋もれている潜在能力を引き出せるから

ともに正解です。趣味や特技の延長だとしても、時間をつくって本業や家事と両立しなければなりません。また、副業であっても年に1回は決算と確定申告が必要です。私が銀行員の時も両立で悩みました。当時の銀行は残業が当たり前だったので、本当に時間が足りません。だからといって、物件探しや現地確認などの地道な積み重ねもサボれない。本も自分で書いているので、出版する時には猫の手も借りたいくらいでした。

そんな経験から必要に迫られて、本業と副業とを両立するメソッドが出来上がりました。ボリュームがあるのでその一部だけご紹介します。

1つ目がＡＩ（人工知能）の活用です。株式市場や為替市場のメインプレイヤーはＡＩで、1秒間に数千回の売買をするそうです。オークションで数千万円で落札された絵画を描いたのもＡＩですし、作曲家も最近はＡＩです。歌手も初音ミクのようなＡＩが有名になり、囲碁も将棋もチェスもＡＩがプロ棋士を打ち負かし、車の運転もＡＩの時代です。そんな時代に、なぜ、すべての作業を自分でやる必要があるのでしょうか？　ＡＩが得意な分野は、彼らに任せればよいのです。

例えば、家事といえば「掃除・洗濯・料理・育児」ですが、育児以外の３つについては、ＡＩ内蔵家電を活用することで大胆に手間を省けます。

アイフォンに搭載《とうさい》されているＳｉｒｉやグーグルホームのようなスマートスピーカーを使えば、調べ物や簡単な作業をＡＩに頼めます。


プライベートカンパニーの業務だって、例えば収入と支出の管理については、自動家計簿を使えば簡単です。副業専用のクレジットカードやプリペイドカードを決めて、それをすべて自動家計簿対応にするだけで、お金回りの管理は自動化できます。そのデータを会計ソフトに一括でインポートしてしまえば、決算作業は一発です。

ちなみに私達は、決算作業の後の確定申告書類の作成までをすべて自動的に処理できる特殊なソフトを使っています。わからないことが出てくれば、税務署の職員が懇切丁寧に教えてくれます。そのため、確定申告の際にも税理士さんにお手間をかけずに対応できています。

両立するコツの2つ目は「ふせん」の活用です。ふせんはシンプルですが最強の文房具です。

私達が副業を始めた頃はＡＩがありませんでした。その頃から両立をできたのは、ふせんのおかげです。具体的には、「ふせんノート術」という「アナログ版のＡＩ」を活用しました。

副業に成功したのも、お金のソムリエメソッドを確立できたのも、本を出版できたのも、すべて「ふせんノート術」のおかげです。

ヒラメキは時と場所を選びません。職場にいる時に副業のアイデアやＴＯＤＯを思いつくこともあれば、プライベートの時間に仕事のアイデアやＴＯＤＯを思いつくこともあります。私の場合は特に、入浴中やトイレ、就寝中やウォーキング中にひらめくので厄介です。

「ふせんノート術」はそんな時に力を発揮します。このメソッドを使うと、あらゆるヒラメキを忘れず漏らさずに100%捕獲《ほかく》できます。捕獲した後は、そのヒラメキが載ったふせんを並べ替えて企画書やレポートなどにまとめます。並べ替えると、ヒラメキやキーワードで色々な組み合わせが生まれる。組み合わせは足し算ではなく、掛け算なので思いもよらないアイデアが生まれ、そのアイデアが数千万円や数億円に化けてしまうのです。

妻社長メソッドも、お金のソムリエメソッドも、本書で割愛したマネーメソッドも、すべて「ふせんノート術」を使って編み出しました。お金のソムリエ倶楽部のメンバーは、ほぼ全員が夢を実現しているのですが、「ふせんノート術」の1つ「夢実現メソッド」を使い倒したのがきっかけになっています。

「ふせんノート術」になぜ、そこまでの威力があるのか？　それは、ふせんをツールとして活用しながら脳機能を使い倒すメソッドだからです。私達人間は脳機能の6%しか使っていないと言われますが、「ふせんノート術」を使うと残りの94%を使い倒すことができます。あなたの潜在能力を活性化して目いっぱいに引き出す触媒になるのです。

だから「ふせんノート術」を取り入れるだけで、あなたの人生が変わります。その説明だけで本2~3冊になりますので、ご興味がある方は拙著『1冊の「ふせんノート」で人生は、はかどる』、もしくは『図解　人生がはかどる「ふせんノート」』をご覧ください（いずれもフォレスト出版）。

第3章

絆の上を歩けばすぐに、裕福な未来に到着する

第3話 家族の特技をちゃっかり活かして副業をする

私を誰だと思っているのよ！主婦よ主婦！
主婦って大変なのよ
来客時の見栄えも大切だけど水回りの使い勝手とか家事をする時の動線とか収納とか日当たりや風通しとか色々考えているんだから
うんやっぱり君には才能がある
これなら大丈夫だ！
大家になろう！
はぁ!?
株で失敗したのにまたそんなこと考えているの？
こんど失敗したら本当に破産よ！
もちろんわかっているよ

でも どんなに節約しても 借金返済には 15年かかる
その頃には 給料が半分に 減ってしまうから もうマイホームは 買えない
だけど 大家になれば 5年で返せるし マイホームだって 夢じゃないかも しれないんだ！
家も土地も お金もない私たちが どうして 大家になれるのよ！
大家になる ためには 家も土地も いらないよ
会計の知識と属性 そして 主婦力があれば 十分
会計の 知識と属性は 僕が──
主婦力は 君が持っている！
2人で 力を合わせれば きっと成功するよ！
もちろん お金もいるけど サラリーマンは収入が 安定しているから 銀行も 融資してくれるさ！
ほんまかいな…
……

その後
妻を無理やり引き連れて不動産セミナーに通ったり
いや〜〜
セミナー
不動産サイトでオンボロアパートを検索したり
不動産担当者に物件を案内してもらったり
こうしてついに巡り合ったのが——!
アパートうめ
ぼろっ
アパートうめ

……
こんなボロアパートに誰が住んでくれるのよ…!
こんなアパートだから2000万円で買えるんだ
うまく事業計画をつくれば1700万円は借りられる
今は12部屋のうち半分は空室だけど
残りの6部屋で家賃収入は300万円だ
これを君の主婦力でリノベーションして満室にすれば600万円の収入になるから3年で元が取れる…!
……
こうしてフォレスト信用金庫からの借入で無事大家業スタート!

ここからは総力戦！
家族総出で出向いて残置物が残ったままの部屋の後片付け
床掃除
窓拭き
キッチンカウンターのペンキ塗りとか…
水洗トイレなのにどうしてウジ虫がいるのよ!!
あ
きゃあああ
とどめにWi-Fiルーターを設置してネット環境を無料提供してみたら――
もうけドロボー！
即満室！

さらに2軒目は中規模コンビ
お弁当
3軒目はアパート用地
4軒目と5軒目はテナントビル
TownMart
6軒目は大型コンビニと順調に不動産賃貸業を拡大し……
見事5年で借金を返済！

1人でやると失敗しても、2人でやるとうまくいく

Q

副業をする場合、次のどちらの方がうまくいくと思いますか？

Ⓐ 何から何まで自分1人でやって、マイペースで思いどおりに進めていく

Ⓑ 家族の誰かを巻き込んで、家事と同じように役割分担する

Ⓑが正解です。これは副業に限った話ではありません。例えば、会社や役所の仕事をすべて自分1人だけでやり遂げることは不可能です。それゆえに上司や同僚、他の部署や関係者と協力しながら仕事を進めます。フリーランスの場合でも、自分が得意でない分野を外注したり、逆に誰かから外注されたりしながら役割分担をしています。

プライベートカンパニーで副業をする場合も協力者がいるとうまくいく。家族がいる場合には家族を巻き込み、いない場合でも仲間同士でサポートしあうから成功する。

私が副業を続けられたのも、妻と親兄弟を巻き込めたから。私1人ではできなかったと思います。

私達が当時選んだ副業は大家業でしたが、私の持つ会計知識と属性に、妻と母の主婦力を掛け算しました。最初に手掛けたのは、マンガでも登場したような単身者向けのボロアパートでした。お金がなかったので、荒れ放題の物件を買い、自分達で掃除してリノベーションをかけるしかありません。

外壁《がいへき》には穴が開いていて、錆《さ》びて壊れた自転車や古タイヤが野ざらし状態。壁も窓ガラスもタバコのヤニで黄ばんでいて、お風呂も台所もカビだらけ。水洗トイレなのにウジ虫の死骸《しがい》がこびり付き、ゴミ屋敷状態の部屋もありました。

私は子どもの頃から整理整頓《せいとん》や掃除が苦手です。散らかすことは得意でも、その逆はできません。その点、妻も母もセミプロ級。妻は水回りの掃除、母はワックスがけ、私は草むしりと、家族を巻き込んで役割分担をしながら協力しあえたからこそ、最初の1歩を踏み出せました。

その後も、空室が出る度に家族一緒に掃除とリノベーションを続けました。ボロアパートなので、水漏れやガス器具の故障、電気系のトラブルは日常茶飯事です。窓からゴミを捨てる入居者がいて近所からクレームが来たり、家賃を滞納する入居者がいたり、夜逃げする入居者がいたり、次から次へとトラブルが発生します。そんな時も妻が管理会社や修繕業者を上手に巻き込んだから、満室経営を維持できたのだと思います。

このように私が副業に取り組めたのは、ひとえに家族の絆のおかげです。夫婦や家族の絆という土台があったから続けられた。

お金のソムリエメソッドは1人でもできますが、このように家族を巻き込むことで相乗効果が高まります。その効果を身をもって体験した滋賀県在住の高橋健《たかはしけん》さんの例をご紹介しましょう。

ご両親が相次いで大病で倒れたことをきっかけに、高橋さんは家族と時間を共有することの大切さを痛感。セミリタイアを目指して大家業を始めました。

ところが、なかなか奥様の理解と協力を得られません。物件を見に行くたびに奥様からいやがられ、銀行借り入れする際にも保証人になるのを渋られます。

転機となったのがお金のソムリエメソッドでした。お金のソムリエメソッドの実践を通じて高橋さんの夢が明確になり、奥様とのコミュニケーションも変化して一気に距離が縮まりました。今では夢の達成度について奥様からサポートやアドバイスがもらえるまでになっています。

また、奥様が妻社長になることで融資もスムーズに受けられて、奥様の第六感を物件選定に活用したり、リフォーム時に手厚いサポートが得られるようになりました。高橋さん1人だけの副業としてスタートした大家業でしたが、奥様を巻き込むことによって、高橋家の「家業」へと進化したのです。

その経験を活かしてセミナー講師やコンサルタントとしても活躍。その結果、月30万円だった副収入が2年後には月150万円にまで拡大しています。

個人の副業として1人で取り組むのか、それとも高橋さんのように家族を巻き込んで家業として副業に取り組むかでは、このように天と地ほどの差が開くのです。だからあなたもぜひご家族を巻き込んでください。そのためにも家族の絆をしっかり固めてください。

あなたのことを一番大切に思って一番心配してくれるのは家族です。そんな家族を、あなたは大切にしていますか？　ちゃんと毎日、コミュニケーションを取っていますか？　言葉や行動で家族への思いや感謝の気持ちを伝えていますか？　家事を分担しながら、家族に奉仕していますか？　家族のいいところを見つけて褒めていますか？

どんなに心で思っていても、あなたの口から直接言葉で伝えたり、行動で示したりしなければ気持ちは伝わりませんし、絆を維持することもできません。絆が弱ければ、いざという時に応援してもらえるかどうかもわかりません。

家族の仕事を手伝ったとしても副業にはあたらない？

Q 家族の仕事を手伝うのは副業にあたると思いますか？

A お金をもらえば副業だが、もらわなければ副業にはあたらない

B 仕事を手伝う以上は、たとえ無償であっても副業にあたる

Ａが正解です。だから、遠慮なく家族を巻き込んで、副業という名の家業を家族で一緒に育てましょう。

例えば、実家が農家をやっている場合、田植え時期や収穫期には家族総出《そうで》で手伝いますが、「副業になるからやってはいけない！」と目くじらを立てる会社や役所はありません。なぜなら、家業を手伝っているにすぎないからです。夫が妻と一緒に掃除洗濯などの家事をするのは当たり前ですが、それと同じ感覚です。

もちろん、労働の対価として給料やアルバイト代をもらうと副業になりますが、お手伝いレベルの作業で、交通費やお昼代をもらう程度なら副業にはなりません。

こうして、家族総出で一緒に家業に取り組むと家族の結束力も強まります。一緒に仕事をすると、妻の気配りの細やかさや、両親や兄弟姉妹の意外な特技がわかり驚きます。お互いに相手の長所に気づくので信頼感が増しますし、ともに汗をかいた者同士として連帯感も強まるのです。

親にとっては、わが子から頼られて、その仕事を手伝えることほど嬉しいことはありません。家族一緒に楽しく仕事を続ければ生きがいにもなるし、ボケ防止にも役立ちます。

わが子を巻き込めば、人様に貢献することの大切さや、協力し合うことの素晴らしさ、お金の大切さを学ぶ機会が生まれます。

そんな副次効果がたくさん生まれるのがお金のソムリエメソッドのよさでもあります。だから可能な限り、副業やプライベートカンパニーの運営は家族全員で取り組みましょう。

家族をプライベートカンパニーにすると一緒に税金天国に行ける

Q

家族をそのまま会社化するだけでさらに節税ができますが、なぜかわかりますか？

Ⓐ 規模が小さい法人ほど優遇されることが法律で決められているから

Ⓑ 家族が従業員になった方が大きく節税できるから

どちらも正解です。プライベートカンパニーは自分法人ですから、自分1人でもプライベートカンパニーをつくれますが、家族をまるごとプライベートカンパニーに組み込むのも効果的です。

副業を家族に手伝ってもらう際、家族を従業員にすれば当事者意識が芽生えます。給料を支払うことで、所得が分散されるので節税効果も生まれます。

その際に気になるのは社会保険料ですが、それはそれで何とかなります。例えば、既に会社や役所を退職した親をプライベートカンパニーで雇う場合、70歳まではプライベートカンパニー経由で厚生年金に加入しなければなりません。その場合、年金掛け金の負担は発生しますが、もらえる年金額も手厚くなるので、長生きしてもらえればお得です。親に支払う給料の金額が大きすぎると年金受給額が減りますが、うまくバランスを取れば大丈夫です。

夫がサラリーマンで妻が専業主婦であれば、妻は第3号被保険者なので国民年金の保険料を支払う必要がありません。その場合には、第2章でお話ししたように社長としての妻が役員報酬を受け取らなければ特段の問題は起きません。

絆が強いほど裕福になる

Q

夫婦の絆の深さと裕福さとは比例すると思いますか？　関係ないと思いますか？

Ⓐ 仕事を優先した方が出世するので、夫婦の絆は収入とは無関係

Ⓑ 家庭円満で夫婦仲がよい方が裕福になれるので比例する

夫婦の絆の深さと裕福の度合いとは比例するので**B**が正解です。この傾向はデータからもわかります。

例えばアメリカは、夫婦の50%が離婚する離婚大国ですが、億万長者に限っていえば8%の夫婦しか離婚していないそうです（『となりの億万長者』（早川書房）の著者トマス・J・スタンリー氏の調査）。

この傾向は日本でも同様で、年収300万円以下の世帯では離婚率が42・9%なのに対して、500万円以上1000万円未満では14・3%に下がり、1000万円以上では1・6%だったという調査結果もあります。

つまり、夫婦の絆が強いほど裕福になるし、裕福な家庭ほど夫婦の絆が強いということ。これは卵と鶏の関係と同じなので、どっちが先かはわかりません。いずれにしても、どちらかが崩れればもう片方も崩れ、どちらかを満たせばもう片方も満たされ始める。

だからもし、夫婦や家族の絆が不十分であれば、絆を強めることを優先してください。絆が弱いままでは、プライベートカンパニーも副業もうまくはいきません。

また、今まで以上に円満な家庭を築きたいのなら、もっと裕福になってください。お金のソムリエメソッドを実践すれば、再現性があるので裕福になれます。

このように、どれだけ裕福になれるかは、ひとえに絆の強さにかかっていますが、果たして、あなたの場合はいかがでしょうか？

ここは非常に大切なポイントなので、読者特典として「絆の強さと稼ぐ能力が一発でわかるチェックテスト」を用意しました。これはＷＥＢ上の診断テストで、質問に「はい」か「いいえ」をクリックして答えれば、絆の強さが診断されます。その絆の強さがそのまま、年収の潜在能力として判定されます。詳細については、本書の巻末でご案内していますのでご確認ください。

結婚すると6年で、独身よりも1000万円多く貯められる

Q

親兄弟との絆が強ければ独身でも裕福になれますが、夫婦の絆も大切です。結婚にはお金がかかるイメージがありますが、果たしてどうでしょうか?

Ⓐ 結婚しても生活費は大きく増えないから結婚する方が裕福になれる

Ⓑ 結婚や育児にはお金がかかるから独身の方が裕福になれる

正解は**A**です。初婚年齢の高齢化が進んでいますが、最大のハードルは「お金」です。結婚式やハネムーン、新居の準備にはお金がかかります。子どもができれば、教育費だけで1人数千万円。だからお金が貯まってから結婚するのですが、実はこれ、順番が逆です。なぜなら、独身のままよりも、結婚した方がお金が貯まるからです。

結婚すると生活費が2倍になると思われがちですが、出費は意外なほど増えません。総務省統計局のデータによると、1人世帯の月平均支出は16万2000円（2017年）。これに対して、2人以上世帯の月平均支出は28万3000円ですが、この場合の世帯平均人数は2・98人なので、1人あたり9万5000円の支出です。つまり、カップルの2人が結婚すれば、結婚当初の生活費は19万円です。もし、独身のままなら2人合計で32万3000円。その差は13万3000円ですので、年間で160万円も差がつくのです。日本の結婚平均年齢は約30歳ですが、もし6年早く24歳で結婚すれば、30歳までに1000万円も貯められる計算になります。だから結婚するのは、早ければ早いほどよいのです。

その際気になるのは、結婚式やハネムーンなどの出費ですが、私は後回しでよいと思います。結婚すればお金が貯まるので、2人で一緒に貯めたお金で後から結婚式やハネムーンをすれば十分です。

だからもし、あなたが独身であれば、まずは、共同生活をしてお互いに支え合うことから始めましょう。あなたが既婚者であれば、お子様や独身のお友達に早めの結婚を勧めましょう。

独り占めするより仲間と分かち合う方が裕福に近づく

Q

自分が得たノウハウを独り占めするのと、仲間と分かち合うのとでは、どちらの方が得だと思いますか？

Ⓐ 独り占めした方が、1人でいい思いをできるので得である

Ⓑ 仲間と分かち合うと、お互いに成長するので得である

Ⓑが正解です。分かち合える仲間を増やし、お互いを応援し合いながら一緒に成長し、一緒に裕福になりましょう。

夫婦や家族の絆も大切ですが、それと同じくらい大切なのが仲間との絆です。あなたには、遠慮なく意見交換して情報を共有できる仲間がいますか？

あなたがサラリーマンであれば、組織に属する安心感を痛感していると思います。上司や先輩から、ノウハウやコツ、注意点を教えてもらい、同僚から気づきや刺激を受けながら、幾多の困難を乗り越えて成長してきたはずです。

副業についてもそんな環境が大切です。もちろん、あなたの家族が同様の役割を果たしてくれますが、いかんせん副業のプロではありません。だからこそ似た趣味や副業を持つ仲間が必要なのです。

例えばお金のソムリエ倶楽部では、フェイスブックに秘密のグループをつくっています。そのグループでは、毎日１００名以上のメンバーが自分の成功談や失敗談、進捗《しんちょく》状況などをフィードバックしあっています。その投稿を見て自分の副業や自己啓発の参考にしたり、コメントを入れて応援したりアドバイスしたり、わからないことを質問したりしています。

また、定期的に著者やその道のプロを招いて、その時々のテーマで勉強会を開催。各々の成果を報告してアドバイスしあうグループコンサルも実施して、白熱した後はワインを酌《く》み交わしながら本音ベースで語り合って親交を深めています。よくある投資系の集まりと違ってギラギラしていないし、キラキラもしていない。地に足が着いているのが特徴です。表には出てこないレアな情報や、リアルタイムで進んでいる生の最新情報・体験談を安心して共有できます。

期間限定の耳寄りな投資案件。どの銀行のどの支店が融資に前向きか。今旬《しゅん》な副業は何か。どこで外貨両替して送金するのがよいのか。今何が起きているのか。皆は何をやっているのか。こうした情報の大半は生モノです。ネットやメディアに流れ始めるのは時間がたってからですが、1年前の情報は使えません。

だから、最新で本物のおいしい情報が集まる「現場」にいなければ意味がない。内輪だけのコミュニティーこそが、そんな「現場」です。おおっぴらに言えないマル秘の情報は、クローズドのコミュニティーの中でだけ得られるのです。

こうして、同じ思いの仲間同士で絆を強めると、メンバー全員のレベルが底上げされるのですが、私はこれを「進学校の法則」と呼んでいます。進学率が高い学校は、先生やカリキュラムが凄いだけではありません。生徒の熱意や志が凄いのです。そんなメンバーが集まって情報交換をするからこそ、最新の情報やレアな情報が集まる。ハイレベルな刺激を与え合うから凄い成果が次々と生まれ、プラスのスパイラル（好循環）が続くようになるのです。

詐欺師だって笑顔で明るく誠実そうに振る舞う

Q

人を騙《だま》すプロは、どのように振る舞うと思いますか？

Ⓐ 見るからにスマートリッチで、笑顔で明るく誠実そうに振る舞う

Ⓑ いかにもワルっぽい見た目で、騙すスキを狙っているような態度を取る

Ⓐが正解です。見た目だけで詐欺師を見分けるのは困難です。詐欺師はその道のプロですから、相手に自分のことを徹底的に信頼するように仕向けます。リアルの生活が充実している様子（リア充）を前面に出して、華やかでキラキラした雰囲気が漂う場合は要注意だそうです。いずれにしても彼らは優秀なので、自分のことを詐欺師だとは明かさずに、こんな凄い経歴を持ったプロフェッショナルで、信頼できる正直者であるかのように振る舞います。

それくらい徹底しているので、見破ることは簡単ではありません。あなたが信頼する友人や有名人が騙されていて、その人経由であなたに伝わる場合は特に厄介です。「あの人が言ってるなら大丈夫！」と安心するので、コロッと騙されます。

また、不動産会社や投資関連会社が主催するセミナーに、有名な著者やカリスマセミナー講師が登壇する場合にも注意が必要です。セミナー後に主催者からのセールス攻勢が始まりますが、ひどい場合には、その講師の本やセミナーの中で「買ってはいけない」とされるモノまで売り込まれるからです。

不動産業界や投資関連業界は浮き沈みの激しい世界なので、経済情勢や業界環境が激変して立ち行かなくなると、なおさらのこと、背に腹は代えられずに豹変《ひょうへん》する人が出てきます。

だから最終的には自分で判断するしかありません。そのコツは「信じない、疑わない、確認する」に尽きるのですが、なぜかわかりますか？

ハナから信じると、まんまと騙されます。だからといって疑って耳をふさぐと、本当においしい案件が来た時にチャンスを逃す。だから、信じもせず、疑いもせず、自分の目で確認する以外にありません。

そのためには、自分自身が学んで自己防衛しなければなりません。例えば、投資用の不動産を買う場合には、自分の目で現地を確認して、聞き込み調査も行って、レントロール（部屋ごとの賃貸条件の一覧表）や資金繰り表も自分の目でチェックして計算し、大丈夫なことを確認してから進めなければなりません。

その際に威力を発揮するのが仲間の存在です。仲間が集まるコミュニティーに所属していると、オフ会で集まった時やフェイスブックの秘密のグループ内で話題になります。大勢いるメンバーの中には正しい情報を知っている人もいるので、そこからアラームが届きます。

例えば、ひどい投資用不動産ばかり紹介する仲介業者がいると、コミュニティーの懇親会などで話題になり、その噂《うわさ》が広がって「私も紹介された!」「私も騙された!」という声になり、コミュニティー全体に噂が広がります。私自身もひどい目に遭いましたが仲間に救われました。お金のソムリエ倶楽部のメンバーには本当に感謝しています。

世の中には残念ながら「お金=感謝の気持ち」という考え方が通用しない人が何割か存在します。詐欺師や泥棒のように、感謝されないのにお金を奪う人が代表例です。クレクレ星人と呼ばれる人達も同様です。ルールが違う世界に住んでいるので是非もありません。そんな場合には触らぬ神に祟《たた》りなし。仲間の情報があれば、そんな疫病神に近づかなくて済みます。

日本の不動産は2023年まで下り坂、その後もずっと下り坂

Q 次の国の不動産のうち価格や家賃が上がるのはどちらだと思いますか？

Ⓐ 人口が増え続け、経済も成長し続ける国

Ⓑ 人口が減り続け、経済成長率が他国よりも低い国

他の要因もあるので断言はできませんが、確率としてはⒶの方が上がる可能性が高いでしょう。

不動産価格は人口増減と経済成長率だけでは決まりません。特にインフレ・デフレに大きく左右されるので、国の金融政策次第でもあります。

例えばロシアは１９９４年から人口が減り続けて10年間で３％減少しましたが、インフレが続いたので住宅価格は上がり続けています。これとは対照的に、この当時の日本の人口は横ばいでしたが、デフレが続いていたので地価は下がり続けました。

一方で家賃と不動産価格は、需要と供給のバランスにも影響されます。当たり前ですが、人口が減って高齢化が進む国では住宅需要が減ります。需要が減ると、空き家や空室が増えて家が余ります。また、経済が伸び悩む場合には、オフィスなどの商業不動産の需要が減ります。需要が減ると普通は価格が下がります。

ここで、衝撃的な事実をお伝えしなければなりません。２０５０年までの30年間で人口が一番減る国のランキングをご存じでしょうか？

２０１７年に国連が発表したデータ（図６）によると、２３２か国中で堂々の1位は中国で、３２５７万人減少します。中国は人口14億人の巨大国家ですし、長らく1人っ子政策を取ってきたので、さほど驚きはありません。ただしこれは表向きの数字で、戸籍登録していない１３００万人の黒孩子《ヘイハイツ》や、アメリカで代理出産して生まれた数百万人の子は含まれていません。それらを含めれば、実は意外と減少しないかもしれません。

そして、中国に続く第2位が日本の１９１８万人、第3位がロシアの１１１５万人でした。黒孩子などを考慮すると、実質的には日本が世界で一番人口が減る国です。中国もロシアも超大国ですし母数が大きいのでわかりますが、これらの超大国を相手に日本が人口減少数のトップ争いを互角に演じるとは、いやはや驚きです。

念のため、世界すべての国のデータをチェックしたのですが、人口が減少する国の大半は、東ヨーロッパ諸国などの旧社会主義国、もしくは日本・ドイツ・イタリアと

図6　2050年までの人口増減　（単位：千人）

国名	増減数	増減順位
インド	349,924	1
ナイジェリア	229,456	2
コンゴ民主共和国	121,208	3
パキスタン	117,560	4
エチオピア	90,997	5
タンザニア	84,202	6
アメリカ	**69,663**	**7**
ウガンダ	65,553	8
インドネシア	63,689	9
エジプト	59,655	10
フィリピン	49,577	11
イギリス	**9,984**	**53**
フランス	**6,152**	**64**
ハンガリー	▲1,505	222
ブルガリア	▲1,754	223
スペイン	▲2,003	224
ドイツ	▲2,469	225
タイ	▲3,285	226
ルーマニア	▲3,479	227
イタリア	▲4,411	228
ポーランド	▲5,875	229
ウクライナ	▲8,242	230
ロシア	**▲11,157**	**231**
日本	**▲19,181**	**232**
中国	**▲32,572**	**233**
世界合計	2,388,814	

2017版人口推移見込み国連データ

いう第2次世界大戦の敗戦国でした。ドイツは3％の減少、イタリアは7・4％の減少なので、15・0％減る日本は異常です。

経済成長率についても調べてみたのですが、こちらも予想どおりでした。国連やＩＭＦのデータを元に、世界最大のコンサルティングファームであるプライスウォーターハウスクーパース（ＰｗＣ）が調査した結果を経済成長予想一覧としてまとめたのが図7のデータです。世界のＧＤＰ総額の84％を占める上位32か国の２０５０年までのＧＤＰ潜在成長率予想データなのですが、32か国の中で経済成長率が最下位だったのは日本でした。

つまり日本は、２０５０年までに世界で一番人口が減る国であり、かつ、経済成長率が最下位の国だったのです。

ここで、冷静に考えてみてください。これから２０５０年までに、世界で一番人口が減り続け、しかも、世界で一番経済が伸び悩む国の不動産価格や家賃水準は上が

図7　上位32か国の2050年までのGDP成長率予測

順位	国名	実質GDP平均成長率
1	ナイジェリア	5.40%
2	ベトナム	5.30%
3	バングラデシュ	5.10%
4	インド	4.90%
5	フィリピン	4.50%
6	インドネシア	4.30%
7	パキスタン	4.30%
8	南アフリカ共和国	4.20%
9	エジプト	4.10%
10	マレーシア	4.10%
11	コロンビア	4.10%
12	メキシコ	3.60%
13	タイ	3.50%
14	中国	3.40%
15	トルコ	3.30%
16	サウジアラビア	3.20%
17	ブラジル	3.00%
18	アルゼンチン	2.70%
19	オーストラリア	2.70%
20	ポーランド	2.60%
21	イラン	2.50%
22	アメリカ	2.40%
23	イギリス	2.40%
24	韓国	2.30%
25	カナダ	2.20%
26	ロシア	2.10%
27	フランス	1.90%
28	スペイン	1.90%
29	オランダ	1.90%
30	イタリア	1.50%
31	ドイツ	1.50%
32	**日本**	**1.40%**

出典：国際連合の人口予測に基づくPwCの分析

り続けると思いますか？

例えば、シンガポール国立大学元教授　清水千弘《しみずちひろ》氏らの研究グループは、人口減少と高齢化にともなって、日本の住宅価格は２０４０年頃には46％下落すると予測しています（２０１５年9月1日付日本経済新聞）。日本と同じように人口が減少する中国ではマイナス51％、韓国でマイナス54％、タイはマイナス60％になると予測しています。

ロシアの例もあるし、金融政策次第でもあるのでわかりませんが、万が一この予測が当たると厄介なことになります。

私と妻が不動産投資を始めた時期は、ライブドアショック、サブプライムショック、リーマンショックが立て続けに発生した頃でした。その後、アベノミクスや異次元緩和の恩恵があったので、不動産投資を始めるにはタイミングのよい時期でした。

でも、これからしばらくは、厳しい状況が続く可能性があります。東京オリンピックや大阪万博のようなイベントだけで経済成長率が上昇し、人口が増え始めるという奇跡は起きません。国の金融政策でどこまでコントロールできるかもわかりません。そんな環境下で不動産投資をする場合には、不動産の本で勉強するだけでは不十分です。

そんな時だからこそ、一番頼りになるのは経験を積んだ先輩や仲間です。良心的で安全なコミュニティーに所属しながら、信頼できる先輩や仲間と一緒に、しっかり腰を据えて取り組まない限り、成功はおぼつかないと思います。いい話はすべて、信頼できる仲間が運んでくるのですから。

第4章

マネーエンジンを翼に乗せて世界中を飛び回れ！

第4話 井の中の蛙《かわず》、大海《たいかい》を渡れ！ ゆでガエルになるな！

ゆでガエル…？
grenouille
ちょうどフレンチ…
ゆでガエル理論って
水を少しずつ温めるうちに温度変化に気づかないカエルがゆで上がって死んでしまうっていうアレ？それが何なの？
そう環境変化に気づかないと大変なことになるという教訓のたとえ話
日本は少子高齢化で空き家が急増しているから今後は地価が下がるかもしれない
地価が下がると家賃も下がるから借金を返せなくなる
気づいた時には手遅れ…つまりゆでガエルになる
じゃあ日本の大家さんはみんなゆでガエルになるってこと？
資金繰りに余裕ある物件や都心の一等地の大家さん以外は注意が必要だろうね
とにかく未来は予測できないから資産の一部は海外に避難した方が安全だってこと
あーそれでハワイのホテルを…

それはわかったけど海外からの収入は円に両替しないと使えないじゃない
両替するのは面倒だし手数料もかかるし円高になったら損もするよね
日本円の収入があるからドルを円に替える必要はないよ
ドルは海外旅行で使えばいい
理屈はともかくやっぱり不安…
日本にいるんだからわざわざ海外に置かなくてもいいと思う…
『井の中の蛙大海を知らず』って知ってるよね？
またカエル！
世間知らずってことね？
日本人は今も昔も井の中の蛙だと思う
そうそれ

250年も鎖国をしたせいか島国根性が染み着いている
言葉の壁のせいで海外で仕事や留学をする人は一握りだし
150年も前に鎖国をやめたのに多くの日本人はいまだに自分自身に鎖を巻いているから取り残されてしまうんだ
知ってるガラパゴス化っていうのよね
今はネット社会なんだから早く鎖国をやめないともっと取り残される
お金についてはとっくの昔に周回遅れになってるしね
そっかぁ…
じゃあ海外で資産を運用するとしたらどこの国がいいの？
例えば不動産賃貸は長期だから安定した国がいいね
社会主義や独裁体制の国はすぐに方針が変わるから危なっかしい
その点民主主義が根付いたアメリカや西ヨーロッパなら安心だ
北米
西欧
アメリカやヨーロッパって不動産高いんじゃないの

収益率10%の案件でも150万円から買えるよ
ただそんなの手数料が儲からないから不動産業者は見向きもしないってだけさ
ふーん
…業者ってあてにならないんだ!
そうみんな自分の儲けしか考えない—
でもそれじゃ駄目だって思うんだ
だからこの僕が本やメルマガ、セミナーを通してそんな事実を発信しようと思う
これからは情報発信に価値がある!!

ヨーロッパやアメリカを旅しながら裕福になろう

Q

ヨーロッパやアメリカを旅するとお金が増えますが、なぜかわかりますか？

Ⓐ 旅行会社の現地係員としてのアルバイトがあるから

Ⓑ 不動産や独占輸入、情報発信など、稼げるネタが豊富だから

答えは**B**です。日本の政府は弱腰です。隣国から言われるがまま反論さえできず、外交面ではジリ貧から抜けられません。経済や不動産マーケットについても、国連やＩＭＦ、ＰｗＣのデータを見る限り、日本の未来は真っ暗です。

これとは対照的にアメリカや西欧諸国の未来は明るく見えます。これは、不動産に限った話ではありません。目を凝らすと海外にはチャンスが溢れている。例えば、あなたが着ている服やスマホなどは、メイド・イン・ジャパンでしょうか、それとも海外製品でしょうか？ 生産地表示を見るまでもありませんが、多くの品が輸入品です。なぜ、大量の輸入品が日本に流れ込んできているのか？ それは、より安価で品質のよい品物が海外で生産されているから。あるいは、日本にない魅力的な商品が海外でつくられているからです。

雑誌やテレビ番組を見ていると、日本で流行るモノの多くの震源地がアメリカやヨーロッパであることがわかります。

私の好きなハワイを例にとると、パンケーキのエッグスンシングスやシナモンズ、アイランドヴィンテージコーヒーやバナンは、いずれもハワイ発祥《はっしょう》です。

ハワイに限らず海外で流行ったモノは、グルメもファッションも、タイムラグをおいて日本で流行ります。トレンドには地域によるタイムラグがあるので、すかさず日本に持ち込めればタイムラグをサヤ抜きできる、というわけです。

グルメやファッションに限りません。前出のおひるねアートは北欧由来ですし、『金持ち父さん貧乏父さん』（筑摩書房）、『7つの習慣』（キングベアー出版）、フォトリーディングのような書籍やセミナーも同様で、最初にアメリカで流行して、タイムラグをおいて日本に入ってきました。

海外に行った時に、行列ができているお店に入ったり、見本市を覗《のぞ》いてみたりすると、そんな最先端のトレンドが一発でわかります。欧米ではこれから日本で起きるブームが先行して起きているので、それを先取りして日本に持ち込めば高い確率でうまくいくわけです。つまり、ヨーロッパやアメリカを旅して新しいトレンドを見つけて、そのまま真似して取り入れるだけで、あなたのポケットにお金が流れ込むのです。

日本人のパスポートは水戸黄門の印籠《いんろう》並みに強力だった

Q

日本のパスポートの値段はいくらだと思いますか?

Ⓐ 10年間有効のパスポートで1万6000円

Ⓑ 場所によっては100万円で売れる

どちらも正解です。日本人であれば、10年間有効のパスポートを1万6000円で取得できます。ところが海外ではこれが100万円で取引されるそうです。本当かどうかは確認できませんが、日本人のパスポートにはそれだけの価値があるということ。

なぜそんな高値がつくのか？　それは日本人が世界で一番信用されているから。日本人がビザなし渡航できる国は、199か国中190か国と世界第1位です（2018年10月現在）。全世界の国と地域の95％にパスポートだけで入国できるって、凄いと思いませんか？

なぜそんなに信用されているのか？　日本も日本人もバカ正直でまじめだし、悪いことをしません。世界第3位の経済大国なので旅先にお金を落とします。出張で来てもらえれば、自国の商品やサービスを世界第3位のマーケットで売ってもらえるかもしれない。世界最高品質の日本の商品を自国にもたらしてくれるかもしれない。日本企業が自国に進出して雇用を生み出してくれるなら、それこそ願ってもないことです。

だから、190もの国が日本人を歓迎してくれる。

　世界中の国々が扉を開いて、ぜひうちに来てください！　って、笑顔で手を振っている様子を想像してみてください。日本政府が外交面で弱腰なおかげで、日本国民にとっては海外取引をする上で有利な環境が整っているのです。そんな外交面での犠牲と引き換えに得られた特権を活かさない手はありません。

　テレビ番組の水戸黄門で、格さ

んが印籠をかざすシーンがありますが、日本人のパスポートはあれに似ています。あの印籠のようなパワーを世界中で発揮する。世界中を飛び回って、世界一の特権を活かして好きなだけ商売をしていいですよ！　って言ってもらえる。そんな恵まれた特権を一度も使わずに一生を終えるなんてもったいない。それにもかかわらず、パスポートを持っている日本人は25％しかいないそうです。1億円の宝くじの当たりクジを持っているのに換金せずに死んでいくようなものです。

日本は長らく鎖国をしていたし、言葉の壁が大きいことは私も承知しています。でもそれは、ガラスの天井・ガラスの壁ではありません。空気の天井・空気の壁なので、ホントは壁なんてありません。

例えば英語が話せないことは、意外とハンデにはなりません。海外に行くとわかりますが、英語が母国語か第二言語の国以外では一般市民には意外と英語は通じません。だから私の英語よりも、妻のジェスチャーの方が圧倒的に通じます。

そんなレベルなのに、私達夫婦は海外不動産を購入して、フランスの企業から独占輸入権を獲得できている。語学力はそれくらい枝葉末節だということ。そもそも日本人の英語が通じない理由は、自信がなくて声が小さくなり、聞き取れないからです。元気よく「ハロー」と挨拶して大声で英単語を羅列すれば通じます。

日本から見た海外のイメージは、地方から見た都会のイメージに似ています。都会には凄い人が多そうで怖い。地名も知らなければ電車の乗り方もわからない。だから、都会では暮らせない。確かに、住み慣れた土地を離れて都会に行くには勇気が要ります。

ところが思い切って都会に出ると、都会人の大半が地方出身者だと気づくので、引け目を感じていたことが馬鹿らしくなる。その一方で、仕事も文化も遊びも都会に集中しているのでチャンスがたくさんある。

これと似たことが日本から見た海外にも当てはまります。外国人は外国語を話せるので日本人より凄そうだし、怖い人や怖い場所も多い。語学力がない自分なんて箸《はし》にも棒にもかからないって思います。ところが実際に海外に行くと、根拠のないコンプレックスが原因であって、単なる杞憂《きゆう》にすぎなかったとわかります。

だから、気後《きおく》れすることはありません。190か国から歓迎されている日本人なんだぞ！　と正々堂々と胸を張って、声を張り上げて地球を闊歩《かっぽ》しましょう。

1粒で5度おいしい ヨーロッパとアメリカの不動産

Q どちらの不動産投資の方が魅力的だと思いますか？

Ⓐ 価格も家賃も上向きで、減価償却も大きくて、安全な欧米への不動産投資

Ⓑ 人口が一番減り続け、経済成長率も最下位の日本での不動産投資

好みにもよりますが、冷静に考えたら🅐の方が魅力的です。将来推計などの客観的なデータを見る限り、日本の不動産マーケットは楽観視できません。清水教授の予測どおりに不動産価格が下がれば、いずれ家賃も下がり始めます。借入がある大家さんは家賃収入を返済にあてるので資金繰りもきつくなる。株や為替と違って、不動産も家賃も急落はしませんが、時間をかけてじわじわと下がります。「ゆでガエル理論」のとおり、変化が緩慢《かんまん》なので、変化に気づきにくい点が怖いところです。

一方で世界に目を向けると、人口が増加し続ける国や高い経済成長率を維持できる国がたくさんあります。不動産投資は長期間の投資なので、不動産取引の透明性が高くて民主主義が根付いた国の方が安全です。中でも私が注目しているのはアメリカと西ヨーロッパの先進国。具体的には、次のようなメリットがあります。

（1）日本よりも大きく減価償却（※）できる節税メリット、（2）日本よりも不動産価格が上がるキャピタルゲインメリット、（3）日本よりも利回りが高いインカムゲインメリット、（4）経費で海外旅行を楽しめるチャッカリメリット、（5）法律が整備されていて透明性が高い公明正大《こうめいせいだい》メリット。それぞれについてポイントを見ていきましょう。

※減価償却とは、建物などは古くなるほど価値が下がるので、それを経費として損金扱いすることです。利益が減少するので節税効果がありますし、一般的な経費と違ってお金は出ていきません

節税メリット

欧米の不動産は建物に価値があるので、減価償却という節税メリットが日本の不動産よりも大きくなります。どんなに古い建物でもメンテナンスさえ行えば価格は上昇し続ける。その結果、不動産価格に占める建物の割合が8～9割まで膨らみ、日本では考えられないような減価償却による節税が可能になります。

この点日本の不動産は、どんなにメンテナンスを行ったとしても古い建物には価値がありません。つまり、日本の不動産を買うよりも欧米の不動産を買った方が何倍も

節税できるのです。

キャピタルゲインメリット

アメリカやイギリスなどは今後も人口が増え続け、日本よりも高い経済成長率を維持するし物価も上がり続ける。インフレ率の高い国や人口が増え続けて経済が成長する国の方が不動産価格が上昇するので、売却時にはキャピタルゲインが得られます。

インカムゲインメリット

人口が増え続けて経済が成長して物価が上がる国では家賃も上昇し続けます。従って、アメリカやイギリスなどでは日本よりもインカムゲインの上昇が期待できます。

海外旅行を楽しめるチャッカリメリット

ヨーロッパやアメリカに旅行するのが好きな人であれば、所有不動産の管理や市場調査のために、経費で毎年ヨーロッパやアメリカに行くことができます。プライベートカンパニーを上手に活用することで、この後お話しするように実質的にタダで旅行に行くことも可能です。

公明正大メリット

きわめつきは、欧米の不動産取引マーケットの透明性です。日本では売主と買主の両方から手数料をもらうことが許されていて、かつ、売り物件情報をオープンにしなくてもよいので、仲介業者が不動産取引を思いどおりに仕切れます。不動産に付きまとう怪しくていかがわしいイメージはこれが原因です。

これに対して欧米では、売主と買主の両方の代理人にはなれないし、売り物件情報の囲い込みができず、不動産マーケットは公明正大です。図8は不動産取引の透明性ランキングですが、欧米諸国の透明性は圧倒的です。

このように欧米には日本以上に、節税メリット、キャピタルゲインメリット、インカムゲインメリット、チャッカリメリット、公明正大メリットがあるので、1粒で5度おいしい思いをできるのです。

図8　グローバル不動産透明性インデックス2018　※1.00が最高得点

順位	国名	地域	投資効率	市場の基礎的条件	上場統治	法制度	取引過程	持続可能性	総合スコア
1	**イギリス**	**欧州**	**1**	**1.8**	**1**	**1.2**	**1.1**	**1.9**	**1.2**
2	オーストラリア	オセアニア	1.2	1.6	1.1	1.4	1.1	1.6	**1.3**
3	**アメリカ**	**アメリカ**	**1.1**	**1.6**	**1**	**1.4**	**1.4**	**2.4**	**1.4**
4	フランス	欧州	1.6	1.7	1.3	1.5	1	1	**1.4**
5	カナダ	アメリカ	1.7	1.6	1.2	1.2	1.2	2	**1.5**
6	オランダ	欧州	1.7	1.4	1.4	1.4	1.2	2.1	**1.5**
7	ニュージーランド	オセアニア	1.8	1.6	1	1.6	1	3	**1.6**
8	ドイツ	欧州	2.2	2	1.2	1.8	1.4	2.7	**1.9**
9	アイルランド	欧州	2.4	2.3	1.3	1.6	1	3.4	**1.9**
10	スウェーデン	欧州	2	2.8	1.3	1.6	1.5	2.7	**1.9**
11	フィンランド	欧州	2.6	2	1.3	1.7	1	2.9	**2**
12	シンガポール	アジア	2	2	1.7	1.9	1.8	3	**2**
13	香港	アジア	2.1	1.8	2.3	1.7	1.8	2.7	**2**
14	**日本**	**アジア**	**1.7**	**2.9**	**2.2**	**1.7**	**1.9**	**1.9**	**2**
15	スイス	欧州	1.9	3.1	1.1	2	1.4	3	**2**
16	ベルギー	欧州	2.4	2.6	1.1	2.2	1.2	2.7	**2.1**
17	デンマーク	欧州	3.1	2.2	1.6	1.6	1.1	2.7	**2.1**
18	イタリア	欧州	2.3	2.1	2.3	2.1	1.5	2.7	**2.1**
19	スペイン	欧州	2.5	2.2	1.5	2.4	1.3	2.7	**2.1**
20	ポーランド	欧州	3.1	1.9	2.5	1.2	1.4	3.4	**2.2**
（以下、アジアのみ抽出）									
26	台湾	アジア	3.2	2	2	1.9	1.4	3.9	**2.3**
30	マレーシア	アジア	2.7	2.3	2	2.3	2.8	4.1	**2.6**
31	韓国	アジア	3.3	2.5	2.4	1.9	2.5	3	**2.6**
33	中国	アジア	2.8	2.3	2.6	2.8	2.5	3.3	**2.7**
34	タイ	アジア	3.1	2.7	2.4	2.4	2.3	3.6	**2.7**
35	インド	アジア	3.5	2.6	2.3	2.4	2	3.3	**2.7**
42	インドネシア	アジア	3.2	2.2	2.4	2.7	2.8	4.9	**2.9**
48	フィンランド	アジア	3.8	2.7	2.4	2.9	2.5	4.9	**3.1**
60	マカオ	アジア	4.2	3.3	5	2.5	2.7	4.1	**3.5**
61	ベトナム	アジア	4	3.1	3.1	3.5	3.3	3.9	**3.5**
66	スリランカ	アジア	4.4	3.6	5	3	2.6	4.4	**3.7**
73	ミャンマー	アジア	4.4	4	3.5	3.5	3.5	5	**4**

出典：JLL社

そんな海外不動産の魅力に気づき始めた頃、国内不動産マーケットの競争が激しくなり、私達は狙った物件を買えなくなってしまいました。仕方がないので国内での拡大をあきらめて、海外の不動産に専念しました。分散投資の王道にドルコスト平均法という投資法があります。それを不動産に応用して、入手しやすくてコストパフォーマンスの高い欧米の不動産にシフトしたのです。

もちろん海外投資では為替相場の影響も無視できません。とはいえ今後30年の経済成長率が最下位の国の通貨が一本調子で上がり続けるとも思えません。

私と妻が毎年タダでハワイに行けるワケ

Q

私と妻は毎年タダでハワイに行けるのですが、なぜだと思いますか？

Ⓐ 買い物でマイレージを貯めると飛行機代をまかなえるから

Ⓑ プライベートカンパニーがハワイに不動産を所有しているから

Ⓑが正解です。海外の投資事情やトレンドを調べたり、不動産事業や創作活動を続けるために、私達は毎月のように様々な国と地域を訪問しています。

特にハワイには、妻のプライベートカンパニーが所有するホテルコンドミニアムがあるので、現地の管理会社との打ち合わせと物件のチェックのために訪れます。この本もハワイで現地取材をしながら執筆しています。

ハワイには往復で丸1日かかるので、時間も旅費も有効に活用しなければなりません。だからハワイでは、管理会社だけでなく不動産会社や銀行、地元マスメディアやホテルのオペレーターなどを訪ねてマーケット調査もします。こうして得られた情報を元にプライベートカンパニーのポートフォリオを組み替えたり、セミナーや書籍などに活かしたりします。

仕事で海外に行くのであれば、飛行機代もホテル代も必要経費としてプライベートカンパニーが支払ってくれます。食事などのプライベートな支出はポケットマネーですが、それ以外はタダでハワイに行けるというカラクリです。

ホテル代や交通費を負担するのはプライベートカンパニーですが、プライベートカンパニーと家計の支出を合算して考えると、トータルではお金が出ていって、お金は減るような気がします。ところが次のステップを踏むと意外とお金は減りません。

❶プライベートカンパニーで副収入（副業や投資）を得る
❷プライベートカンパニーで社内規定をつくる
❸プライベートカンパニーで経費を支払う

副収入から支払うのなら、結局自腹と同じじゃないの？　と思われるかもしれませんが、次のようなカラクリから、自腹にはなりません。カギを握るのがプライベートカンパニーと社内規定です。

プライベートカンパニーはあなた個人とは別の仮想人間です。だから、プライベートカンパニーの会計は、あなたの家計とは別扱いになります。例えば、プライベートカンパニーの収入よりもプライベートカンパニーの経費の方が大きければ利益がゼロになり、プライベートカンパニーには所得税がかかりません。

利益がゼロなら意味がないのでは？　と思われるかもしれませんが、利益がゼロでもお金は残ります。「経費＝実際にかかった交通費とホテル代」ではないからです。そうではなく、「経費＝社内規定で決められた金額」です。従って、例えば、海外出張で実際にかかった交通費とホテル代の合計額が50万円でも、規定上で１００万円になれば結果的に50万円多く支給されることになる。支給される１００万円は所得ではないので、あなたにも所得税がかかりません。

ただし、だからといって高い額を決めてはいけません。国税庁の通達によると、非課税とされるのは「その旅行の目的、目的地、行路若《も》しくは期間の長短、宿泊の要否、旅行者の職務内容及び地位等からみて、その旅行に通常必要とされる費用の支出に充てられると認められる範囲内」だからです。そこで私も、過去の事例やデータを参考にして、最も適切と思われる規定を作成しました。その結果として税金が減少し、事実上タダで出張しているのと同じ効果が得られるようになりました。

私達の場合には妻のプライベートカンパニーのホテルに泊まりますからプライベートカンパニーに宿泊料を支払います。妻のプライベートカンパニーですから自分のお金を自分に支払うようなもの。おまけに、ここにも規定の魔法が働きます。魔法の効果は交通費や宿泊代以外にも及ぶ。何だか、狐《きつね》に鼻をつままれたような不思議な気分ですが、そういう仕組みになっているのが税金の世界です。

その他ハワイには、カフェラウンジや交通機関などを無料で利用できる知る人ぞ知る仕組みがありますし、ひと手間かけるだけでホテルの優待宿泊も受けられます。

ちなみに、個人事業主の場合には会社がないので社内規定も存在しません。プライベートカンパニーだからこそ可能になる裏技です。

なお、この仕組みはタイムシェア（※）では使えません。タイムシェアは自分たちが行楽で利用するための別荘だからです。おまけにタイムシェアは、高級ホテルよりもお金がかかるし予約も取りにくい。お金と時間の両方が無駄になります。

※タイムシェアとは、リゾートマンションの1部屋を52名で共有して、毎年1週間だけ使えるようにした仕組みの別荘のこと

ZARAやH&Mを買うように、欧米のファスト不動産を買え

Q

海外に不動産を持つメリットはわかるけど、欧米の不動産は値段が高いから簡単には買えない。あなたもそんなふうに思っていませんか?

Ⓐ 買えるとしても、せいぜい東南アジアの格安な不動産くらいだ

Ⓑ 欧米にも激安なのに良質な不動産案件がたくさんある

Ⓑが正解です。この後詳しくお話ししますが、欧米には日本やアジア以上に良質でコストパフォーマンスの高い案件があります。

高級ブランドは欧米中心ですが、安価でコストパフォーマンスが高いファストファッションも、ＺＡＲＡやＨ＆Ｍのように欧米が中心です。これと同じように、不動産案件についても欧米には安価な案件（ファスト不動産）が溢れています。安価であっても、ファスト不動産は高品質です。

海外不動産購入時の最大のネックは資金手当ですが、一部の銀行等では海外不動産購入資金を融資していますし、もっと凄い裏技もあります。

また、ファスト不動産であれば借入の心配さえ要りません。お金のソムリエメソッドを上手に活かすと収入の3〜4割を無理なく貯められるので、積立感覚で毎年1つずつファスト不動産を購入できます。ファスト不動産の収益を次の案件の購入資金にあてると、複利《ふくり》マジックでさらに増やせる。

例えば毎年１００万円ずつ収益率10％のファスト不動産を買って複利運用すると10年で約１６００万円、20年で約５７００万円になる計算です。

海外の家賃収入には現地で税金がかかりますが、「外国税額控除《がいこくぜいがくこうじょ》」で過払いを防げます。イギリスに至っては、１万１８５０ポンド（約１７０万円）の所得控除が認められているので（２０１８年時点）、最初のうちは所得税もかかりません。

150万円で文化財のオフィスビルが買える

Q

収益率10％のヨーロッパのオフィスビルは文化財なのに150万円で買えます。でも通常は、そんなおいしい案件は私達の元には届きません。なぜかわかりますか？

Ⓐ 日本の不動産会社は海外不動産のことを詳しくは知らないから

Ⓑ 紹介しても儲けが少なく商売にならないから

どちらも正解です。妻と私がヨーロッパで最初に購入した不動産は、世界第5位の経済大国イギリスのケアホームでした。国連などのデータによると、先進国の中で2050年までに一番人口が増加する国、および経済成長率が一番高い国は、どちらもアメリカです。そして、第2位はどちらもイギリスです。

不動産投資をするのであれば、人口が増えて経済成長率も高い国の方が安心です。経済や人口などの土台がしっかりしていれば、〇〇ショックが起きたとしても影響は軽微《けいび》です。実際にも、イギリス不動産の価格が下落したのは2008年のリーマンショックの時だけでした（図9はイギリスの不動産価格の推移をまとめたものです）。

ただし、イギリスについてはEUからの離脱問題があるので、気になる方は、方向性が固まってから買う方が安心かもしれません。

その場合でも、イギリスの不動産であれば何でもいいわけではありません。どのルートで購入し、どのように管理するかの方が大切です。

イギリスの街中には多くの不動産仲介業者が軒《のき》を連ねていますが、取扱い物件はマイホームであって投資用不動産ではありません。だから、投資用不動産を買う場合には、現地の不動産コンサルティング会社経由で買うか、不動産開発業者（ディベロッパー）から直接買うしかありません。

しかし、ディベロッパーから買う場合には、特定のディベロッパーの不動産を決め打ちすることになります。また、日本の不動産会社がイギリスの案件を紹介する場合も特定のディベロッパーとつながっています。そこで私達が選んだのは、実績ある現地イギリスの不動産コンサルティング会社でした。

図9　イギリスの不動産価格の推移

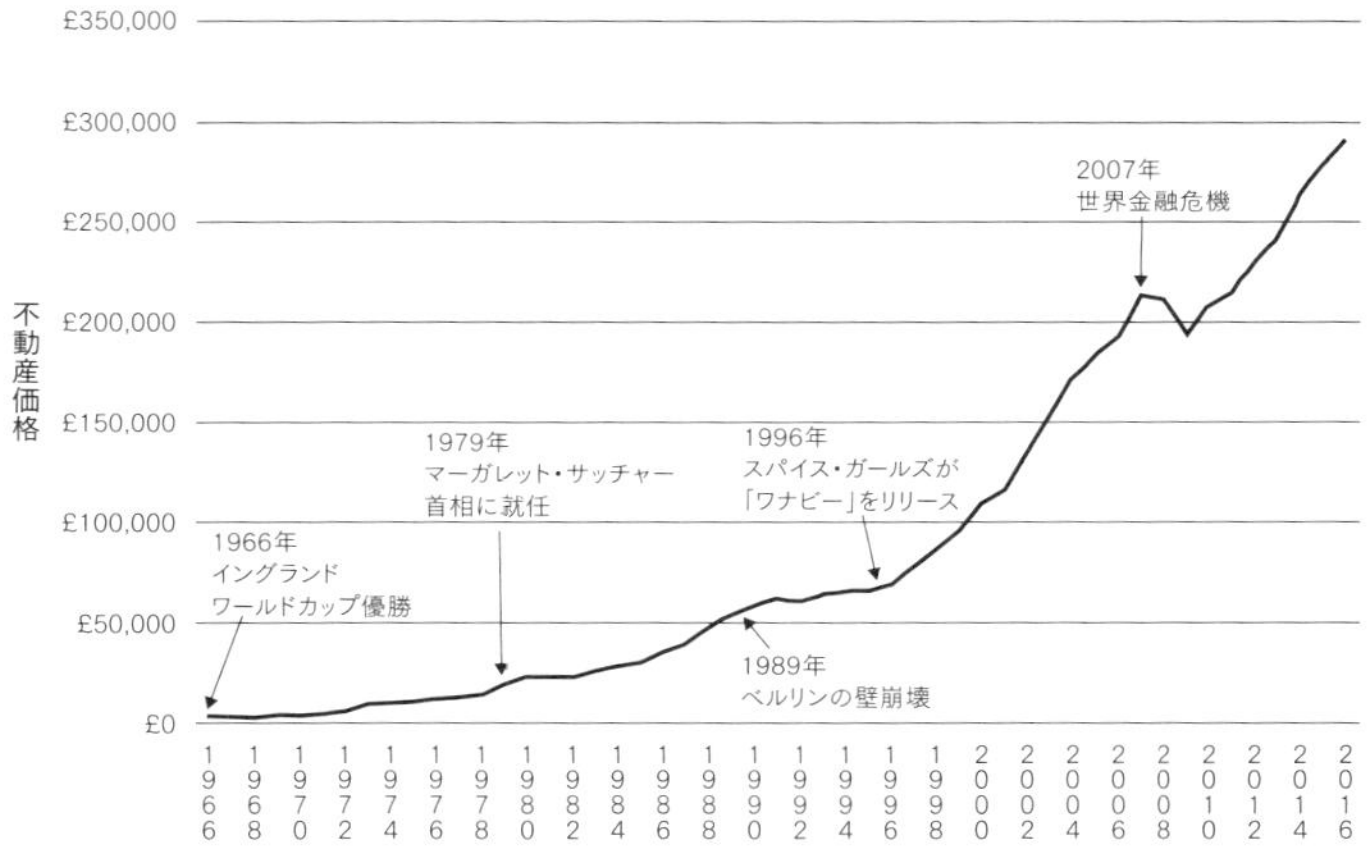

妻と私が購入したケアホームはプレビルド（工事が着手される前に物件を購入すること）の新築案件で、綿密な調査と計画のもとで進められてきた案件でしたので、ほぼ計画どおり1年で完成しました。イギリスのケアホーム案件は一般的な賃貸物件とは違ってケアホームビジネスがセットになっています。そのため、諸経費控除後の手取り収益率が9％で、当初15年間はオペレーター（運営会社）からのリターン保証付き。完成後8年目までは、購入価格での買い取り保証も付いていました。

なぜ、これだけ条件がよいかというと、イギリスでは日本以上にケアホームが不足しているから。このケアホームがある地域のベッド供給数は３２００床なのですが、需要はその60倍に及ぶので、この条件でもおつりが来るほどオペレーターの利益が大きいのです。

この案件は新築だったので約１２００万円と高めでしたが、中古案件であれば１５０万円くらいから良質な案件が手に入ります。例えば私の手元には、貴族の館だった重要文化財の建物を再生した案件があります。エジンバラ北部にある築１３０年の石造りのオフィスで、土地は175年リースなので事実上の所有権です。全額を7年で減価償却できるのが特徴です。10年後には125%で買い戻すオプションも付いているので、インカムゲイン＋キャピタルゲイン＋減価償却のトリプルベネフィットになっています。

公営住宅建設に融資すると英国政府が買い取ってくれる

Q

公営住宅建設に10％で融資すると政府に買い取ってもらえる案件があるのですが、なぜかわかりますか？

Ⓐ 民間のビジネススキルを活用しながら、社会福祉を実現できるから

Ⓑ 銀行の融資金利が高いため、投資家が優遇される仕組みになっているから

ともに正解です。これはイギリスの公営住宅整備のためのつなぎ融資です。対象が公営住宅なので、物件の買い手および管理運営者は政府です。期間は3年か5年で、約100万円から投資できて手軽ですし、3年で年利10・5％、5年で11・5％に固定される点が魅力です。

このプロジェクトは不動産投資案件ですが、社会貢献事業の一環でもあります。イギリスの低所得者は公団が借り上げた民宿や古い物件に住んでいて、その数は膨大です。公営団地の整備運営はもちろん政府の仕事ですが、土地の獲得から物件のプランニング、施工までを民間にやらせて、できたものを買い上げるというのがイギリス政府らしいやり方です。公営住宅は、深刻な供給不足にもかかわらず事業者がほとんどいないため、このようなスキームが生まれました。

物件はプランニングの段階で公団が買い上げ契約を締結し、管理運営もすべて公団が行うため、事業者が物件の在庫を持つこともなければ販売や管理をする必要もありません。投資家から見れば、買い手が政府である不動産への投資ですから安心です。

１００万円で収益率１０％の貸出ファンド

Q

１００万円で収益率１０％のヨーロッパ企業への貸出ファンドがあるのですが、なぜかわかりますか？

Ⓐ 収益性が高い代わりに、それだけリスクも高いから

Ⓑ 銀行融資とベンチャーキャピタルのよさをいいとこ取りしているから

ともに正解です。これは、中小企業への間接的な融資を行う事業支援ファンドです。無保証ですが約100万円から参加できます。設立以来5年間で一度もマイナスを出した月がなく、毎年10％程度の収益率を記録中です。

この事業支援ファンドの特徴は、「事業資金貸付基金であるにもかかわらず、直接の融資をしない」こと。企画を持ち込んだ企業にお金を出すかわりに、ファンド自らが実質的な経理担当になるという間接的な融資を行うビジネスモデルです。2018年の実績は、約半数がヨーロッパ諸国の工業製品で、残りの半数はヨーロッパの不動産案件でした。

実は、このファンドに企画を持ち込むビジネスオーナーには資金調達以外の意図があります。それは、このファンドを新事業の安全装置として活用すること。資金の喪《そう》失《しっ》を防ぐこのファンドのノウハウやマネジメント能力が、投資家のリターンを確保すると同時に、事業を行う企業を守ることにもつながっているのです。

たとえば品物を製造して販売する企画なら、ビジネスオーナーではなくメーカーや流通業者などにファンドが直接代金を支払います。相手が中国メーカーであれば、そのメーカーの破綻《はたん》に備えた保険をかけ、製品出荷時に支払うなどの安全策を徹底するのです。

ビジネスオーナーにしてみれば、企画を盗まれる心配もなく、さらには資金の使い方で失敗する可能性がなくなるので、このファンドに認められた時点でビジネスの成功が約束されたも同然です。

なお、こうした案件は刻々と変化し続けるので、お金のソムリエ倶楽部では定期的に勉強会を開催して最新情報を共有しながら学び続けています。また、お金のソムリエ倶楽部やお金のソムリエ協会のセミナーは「魚の釣り方（お金の正しい増やし方）」を学ぶ場所であって、「魚（投資案件）」を買う場所ではありません。従って、国内外の投資物件や金融商品の斡旋等は一切行いませんし、案件等のお問い合わせにもお答えできません。どうぞご了承ください。

800万円で買えて節税し放題のアメリカ不動産

Q 日本の不動産会社が競うようにアメリカ不動産の取り扱いを始めていますが、なぜかわかりますか？

A 日本の不動産と比較してアメリカ不動産の未来は明るいから

B アメリカの不動産は日本よりも圧倒的に物件数が多いから

ともに正解です。私達が初めて海外不動産を購入したのは２０１５年ですが、アメリカ本土やヨーロッパの不動産を扱う日本の不動産会社は限られていました。日本の不動産取引のルールは欧米よりも遅れているので、日本の不動産取引の常識は欧米では通用しません。しかも欧米では売主と買主の両方の仲介人として両方から手数料をもらうことができないので、両方から手数料をもらえる日本を飛び出して、あえて海外に打って出る必要も日本の不動産会社にはありませんでした。

ところが、２０１６年頃から日本の不動産会社が大挙してアメリカ本土に押し寄せるようになりました。例えば、東証一部上場の某大手不動産会社では、２０１５年頃から経営陣にアメリカの不動産を買わせています。実際にやってみて、いけると確信したので２０１６年から本格的に参入し始めました。

なぜ急にアメリカに進出したのかを聞いてみたところ、人口が減り続け経済も伸び悩む国内は、不動産の先行きが見えているからだそうです。この会社は、とうの昔に日本の不動産マーケットに見切りをつけていたのでした。しかしだからといって、業界大手のその会社が不動産事業を縮小するわけにはいかないので、アメリカに進出したのだそうです。この会社の社長は先見の明がある人ですので、多分この読みは当たると思います。

そして、上には上がいるもので、2000年頃からこのトレンドに気づいてアメリカ一筋で不動産の開発を手がけてきた日本人がいます。その人とは5年の付き合いで、アメリカ不動産投資の師匠と仰いで、不動産にとどまらず経済情勢や政治情勢に至るまで、私はその人からアメリカについて学んできました。

そんな背景もあってわが家では、2015年以降ずっとアメリカを中心に不動産投資を続けています。不動産価格の内訳は、ニューヨークを除いて8~9割が建物価格ですので、日本では考えられないような大胆な減価償却も可能です。それでいて価格上昇率が高く、驚異的なスピードで含み益が膨らみ続けています。

アメリカの不動産というと高額のイメージがありますが、決してそんなことはありません。成長性が高くて人気のテキサスでも、800万円くらいから木造中古物件を購入できます。800万円とはいえ、毎年200万円近く減価償却できるので、普通のサラリーマンでも節税できます。

それよりも大切なことは購入後の物件の管理です。毎月見に行くわけにはいかないので、物件管理についてては丸投げ状態になります。幸いにもテキサスの不動産についてては、私の師匠がテキサスで管理会社を経営しています。テキサス不動産に関しては師匠の右に出る人はいないので、安心してお任せできます。

ハワイのオアフ島の物件管理も現地で委託しています。ホテルのオペレーターからも毎月、現地情報を教えていただいているので安心です。

オアフの物件も高そうなイメージがありますが、東京のワンルームマンション程度の値段で買える物件もあって、それでいて減価償却は破格です。特に最大の魅力は価格が下がらないこと。リーマンショックの時でさえ、ほどんど値を下げませんでした。

一方で、ハワイの不動産情報の大半は、不動産仲介業者が発信しています。不動産業者はビジネスとして情報を発信しているので、「お手盛り」にならざるを得ませんし、得手不得手もあります。例えば、ハワイでスピード償却できる物件は一部に限られるのですが、日本の税制が絡むせいか、それを知っている仲介業者さんは一部だけです。いわんや日本人投資家の皆さんには知る由もありません。

そんな中で、中立的な立場で情報発信しているメディアが『ハワイに住む』という情報誌。無料の情報誌なので主な収入源は広告ですが、だからこそ特定のクライアントに偏ることがなく、取材記事や特集は充実していて中立です。

私自身も中立を旨としています。ハワイ滞在中は毎日現地で取材をしますので、ハワイ不動産や旅のコツだけでも本を数冊書ける程度の情報が蓄積できています。国内ではアパート・テナントビル・倉庫・ロードサイド型店舗などへの投資は経験済みですし、海外ではハワイ・アメリカ本土・ヨーロッパ・アジアで、ホテル・ホテルコンドミニアム・ケアホーム・アパート等に一般投資家の立場で投資しています。微力ですが、もしかしたらそんな経験が、いつかあなたのお役に立てるかもしれません。

ここからは余談ですが、妻のプライベートカンパニーは、ハワイ最大のホテルグループと業務提携をしています。そのおかげで、宿泊料金のベストレートからさらに10％割引で泊まれます。私達だけでなく読者の皆さんも優待価格で泊まれます（期間限定サービス）。詳しくは坂下仁公式サイトでご案内していますので、ご興味ある方はこちらをご覧ください。なお、フォレスト出版は一切関係ありませんので、フォレスト出版へのお問い合わせはご遠慮ください。

（坂下仁公式サイト https//moneysommelier.com）

一番安全な投資は、地球をまるごと買う投資

Q どちらの方が、リスクが少なくて安全に資産を守れると思いますか?

Ⓐ 世界全体の外貨準備の割合に合わせてドルやユーロなどに資産を分散する

Ⓑ 預貯金も不動産も株もすべて国内のものにする

答えはⒶです。一番安全な投資は、地球をまるごと買う投資です。不動産も株も債券も鉱石も穀物も含めて、地球にあるものすべての所有権の100億分の1を買うのが一番安全です。もちろんそれは不可能なので、外貨準備（※）の平均比率どおり、米ドル62％、ユーロ20％、円とポンドを5％ずつの割合で分散するのが模範解答です（2018年のIMF国際通貨基金発表データより）。

現実的には日常生活に支障が出ないように、ある程度は円や円建ての資産を確保しておく必要があります。その上で、余裕がある分を海外に振り分けます。最終的には資産の半分をドルなどの外貨建て資産に分散できると理想的です。

不動産についても、徐々に海外不動産に置き換えて、半分くらいまで海外で取得してもよいと思います。国内不動産だけだと、地価や家賃水準が下がった場合のダメージは100％ですが、半分を海外不動産にしておけばダメージも半分です。

例えば英米仏の不動産を選んでおけば、預貯金なども自動的に分散されます。家賃収入がドルやユーロ、ポンド建てで振り込まれるからです。その結果、主要通貨がすべてそろいます。そのまま海外で運用すれば、さらに加速的に増殖する。海外の銀行預金は日本より金利が高いですし、手数料が安くて運用成績のよいファンドがたくさんあるからです。

もちろん、どの国を選ぶかには個人差があります。ハワイフリークで毎年ハワイに行く人ならハワイがいいし、毎年フィリピンに行く人であればフィリピンを選ぶべきです。好きな国であれば万が一のことがあっても頑張れますし、将来移住することだって可能です。特にこだわりがない人には、アメリカと西ヨーロッパをお勧めします。

その際に注意すべきは「分散しすぎない」ようにすること。例えば5か国に不動産を所有してしまうと5か国に税務申告しなければならず、手間暇だけでも大変です。万が一相続が発生しようものなら目も当てられません。

いずれは売却するので、その時の買主もイメージする必要があります。例えばカンボジアで1000万円のコンドミニアムを買ってもカンボジア人には売れません。

なぜならカンボジア人の年収は30万円だからです。日本人にとっての1億円のマンションと同じレベル感ですから、買える人は投資目的の外国人などに限られます。

また、アジア不動産には欧米以上にトラブルが付きものなので、誰経由で購入し誰に管理を頼むかで99％勝負が決まります。私の目線で信頼できる人は今のところ2人しかいません。

※外貨準備とは、日本銀行やＦＲＢのような全世界の中央銀行が保有している外貨のこと

海外の見本市は大人向けの遊園地

Q

日本の巨大ショッピングモールと海外の見本市とを比べると、どちらの方が楽しめると思いますか？

Ⓐ 日本のショッピングモールは巨大なので家族そろって1日中楽しめる

Ⓑ 海外の見本市の方が面白い新商品に溢れ、規模もモールの数倍大きい

ともに正解ですが、個人的には海外の見本市の方が楽しめました。海外で得られるアドバンテージは不動産だけではありません。調理雑貨や文房具、インテリアや小物など、オシャレで安価な良品が山ほど埋もれています。海外旅行の楽しみの1つはショッピングですが、何気《なにげ》なく立ち寄った小さなお店でも、魅力的な商品が数多く陳列されていて、衝動買いしたくなります。

そんな海外でひときわ存在感を放つのが見本市です。私と妻は昨年、パリで毎年開催されている「メゾン・エ・オブジェ」という見本市にバイヤーとして参加しました。会場となるパリ・ノール・ヴィルパント見本市会場は、シャルル・ド・ゴール空港の近くにあるのですが、展示面積は約25万㎡と東京ビッグサイトの3倍です。そして、そこには東急ハンズやロフトにあるようなスマートでオシャレな商品が所狭しと陳列されていました。商品を手に取って、あっと驚きながら、出店しているフランス人やイギリス人と会話を楽しむのは刺激的です。

会場の一角ではシャンパンやカクテルが無料で振る舞われ、洒落《しゃれ》た大人の遊園地のように楽しめたので、私達もついつい閉館時間ギリギリまで仕事をしてしまいました。

そんな大人の雰囲気を楽しみながら、日本に輸入したら売れそうな商品を発掘するってワクワクします。海外不動産も魅力的ですが海外の見本市からも目が離せません。

海外で情報発信したり創作活動をすると楽しく裕福になれる

Q

作家は自宅を離れて旅先で執筆するそうですが、なぜかわかりますか?

A 作家の多くは金持ちのボンボンで、遊びながら本を書いているから

B 環境が変わると新たな気づきが生まれ、創作活動の質も高まるから

正解はⒷです。海外が威力を発揮するのは、不動産や輸入ビジネスだけではありません。情報発信ビジネスほど海外と相性のよいビジネスはありません。なぜなら物理的な距離は、情報発信ビジネスのアドバンテージにこそなれハンデにはならないから。ネットの高速化やＳＮＳの発達で海外在住者との距離は近くなりましたが、最近特に凄いと思うのはＺｏｏｍというウェブ会議システムです。

お金のソムリエ協会には、ヨーロッパやアメリカ、香港や台湾など世界各国に顧問の先生などがいらっしゃいます。そのため、毎月のように海外との打ち合わせをしていますが、その際パソコンやスマホを使ったＺｏｏｍというテレビ会議システムで対応しています。

セミナーを開く時も、講師の先生にはヨーロッパ・アメリカ・アジアなど世界中からご登壇いただきますし、海外から参加する受講生もいます。私が海外出張中であれば海外からセミナーを開催します。

実際に海外に住んでいる人でなければ知りえない情報はたくさんあります。日本には意外なほど情報が届かないので、海外から発信すると一気にその分野の第一人者になれるのです。そんな生きたお手本をお2人ご紹介しましょう。

パリに12年住んでいるリツコさんは食とマインドの専門家で、フランス料理のシェフからスカウトされて料理教室の講師にもなった才媛《さいえん》です。パリジェンヌのようにもっと自分らしくイキイキと生きる日本人女性を増やしたい。そうした思いから、3か月でカラダとマインドが美しくなる方法をパリから発信しています。

例えばフレンチ・パラドックスをご存じでしょうか？　フランス人は相対的に喫煙率が高く、飽和脂肪酸が豊富に含まれる食事を摂取しているにもかかわらず、冠状動脈性心臓病に罹患《りかん》することが少ないことで有名です。これは、ワインではなく、フランスの知られざる食文化に根ざしているのですが、日本にいる私達には知る由《よし》もありません。先日お会いした際にも、そんな食文化の生の発信地を何か所かご案内いただいたのですが、日本のガイドブックにもネット上にも載っていませんでした。

パリジェンヌが太らない本当の理由から始まって、パリジェンヌが人生を謳歌《おうか》できる秘訣まで、日本のマスメディアがなぜか発信しない、現地発のリアルな情報ばかりです。現地にいるからこそ知り得る情報ですし、自ら実践して20代のような美貌《びぼう》とスタイルを維持しているから説得力があります。

また、リツコさんのご主人はヨーロッパ各地でアンティークを発掘して日本に輸出しています。パリ在住だからヨーロッパのトレンドがわかる。ご主人も日本人ですから日本人の趣味嗜好も熟知しています。ご主人はアンティーク、リツコさんは情報と形態こそ違いますが、夫婦そろってパリ発の最新トレンドを日本に発信。ご夫婦あわせて５０００万円の年商を叩き出しているのです。

ハワイ在住のイゲット千恵子《ちえこ》さんは、ご自身のハワイでのライフスタイルそのものを商品化して情報発信しています。15年前にハワイに移住して２０１２年からエステサロンの経営を開始。化粧品会社、通販、エステスクール、子ども向けビジネス教育、セミナー、教育移住コンサルティングなど、手がける事業も多種多様です。

一見つながりのないビジネスに見えますが、どれも千恵子さんご自身が生きぬく過程で生まれたメソッドや商品ばかりです。例えば敏感肌専門のエステサロンは、膠原《こうげん》病《びょう》やアトピー性皮膚炎というご自身の悩みを解決した経験から生まれました。オーガニックコスメの通販ビジネスは、エステサロンの店舗工事が遅れた結果生まれました。ハワイ教育移住コンサルティングは、育児中に実感した日本とハワイとの教育格差がきっかけとなっています。いずれも異国で人生のハードルを乗り越えてきた過程で生まれた副産物だったのです。

そんな千恵子さんも移住当初の4年間は専業主婦でした。その時に、日本の友達や家族への近況報告のつもりで育児の合間に始めたのがブログです。10年間にわたってハワイのライフスタイルや商品を紹介し続けたのですが、これがビジネスのきっかけになりました。ビジネス開始後8か月で3000万円の売上に達したのだそうですが、読者の皆さんがそのままお客様になったのですから、なるほどとうなずけます。

その後も彼女のライフスタイルは進化し続けているので商品もそれに合わせて増加。こうして今では、ブログの読者は4000人、メルマガ読者は1万3000人に達しています。ご自身の体験を活かして日本人の国際競争力を高めるためのサポートも開始。受講生は３５００人を超えています。

リツコさんも千恵子さんも海外移住組ですが、海外に住まなくても情報発信は可能です。興味ある街にぶらっと訪れるだけでも効果は絶大。旅に出掛けて日常から離れると、インスピレーションがシャワーのように降り注ぎます。

だから、作家のように創作活動をする人は、非日常世界へ飛び出した方が質の高い作品が出来上がる。明治・大正・昭和の文豪は、出版社からの要請で旅館に滞在して創作活動をしたそうですが、そんな背景があったのでしょう。

これは昔の文豪に限った話ではありません。例えば、ブランディングコンサルタントの鳥居《とりい》祐一《ゆういち》さんは、現代においてそれを地で行っています。

坂下仁のメルマガの読者数は1万３０００人ですが、鳥居さんのメルマガ読者は3倍の4万人です。4万人とは１７４1ある日本の市町村の上位６００番目と肩を並べる規模で、茨城県かすみがうら市や兵庫県淡路市の人口に匹敵《ひってき》します。鳥居ファンを集めれば、それくらい大きな街が誕生するということ。

なぜそれだけ根強いファンがいるのか？　内容が秀逸なのはもちろんですが、その内容が「現地に行って自分で収穫した新鮮なモノ」だから。そして、鳥居さんのありのままのライフスタイルとシームレスにつながっているからです。

鳥居さんは、1年の半分を日本中や世界中の「いいホテル」で過ごし、その土地の人々やファンの方々、世界中のトラベラーと交流しています。そうやって日常から離れて、質の高い空間で質の高い人たちに囲まれているから、質の高いインスピレーションが鳥居さんに降り注ぐ。旅先の生の情報を「手もぎ」して、メルマガを通じて「産地直送」する。だから新鮮で、説得力があり、読み手の魂にも響く。読者の皆さんはそれを「ありがたい！」と感じ、鳥居さんのライフスタイルにも共感する。だからコンサルティング希望者の行列は1か月待ちになるし、鳥居さんの元には数千万円もの感謝の気持ちが届くのです。

そんな鳥居さんでも、メルマガを始めた最初の8年は鳴かず飛ばずでした。しかし、メルマガ読者全員と逢《あ》うことを目標に、あきらめずにやり続けました。やり続ければ、いずれはどんな人でも必ず成果が出る。成功者は誰もが口をそろえてそう言いますが、鳥居さんはその生きた見本です。

かく言う坂下仁も今、波の音をBGM代わりにハワイでこの本を執筆しています。たまたま同じタイミングでハワイに来ていた海外投資家仲間とも生情報を交換。地場の不動産会社やホテルオペレーター、銀行のプライベート・バンキング部や情報誌の責任者ともミーティングを行って、本に書けないようなレア情報を教えていただきました。

こうして得られたレアな裏情報は、お金のソムリエ倶楽部のようなコミュニティー内で共有しますし、公開できる情報については、本やメルマガ等を通じてこれからも発信し続けていきます。

※言いがかりをつけて、貸出の返済を迫ること

夫がサラリーマンしながら社長の妻と一緒に副業するのがお金のソムリエメソッドじゃなかったの？
だからそれでいいんだ
社会に一番貢献しているのは孫さんや三木谷さんのような起業家だよ
僕らの生活を豊かにして感謝されたからこそ彼らは裕福になっている
つまり起業が一番理想的なんだ！
そうかもしれないけどあの人達は別格じゃ…
もちろん起業はリスキーだし皆が皆成功するとは限らない
だからまずお金のソムリエメソッドを使って僕らのようにサラリーマンのままでプチ起業して裕福になればいい
そうしてゆくゆくはちゃんとした起業をするべきなんだよ！
…やれやれもう決めてるのね

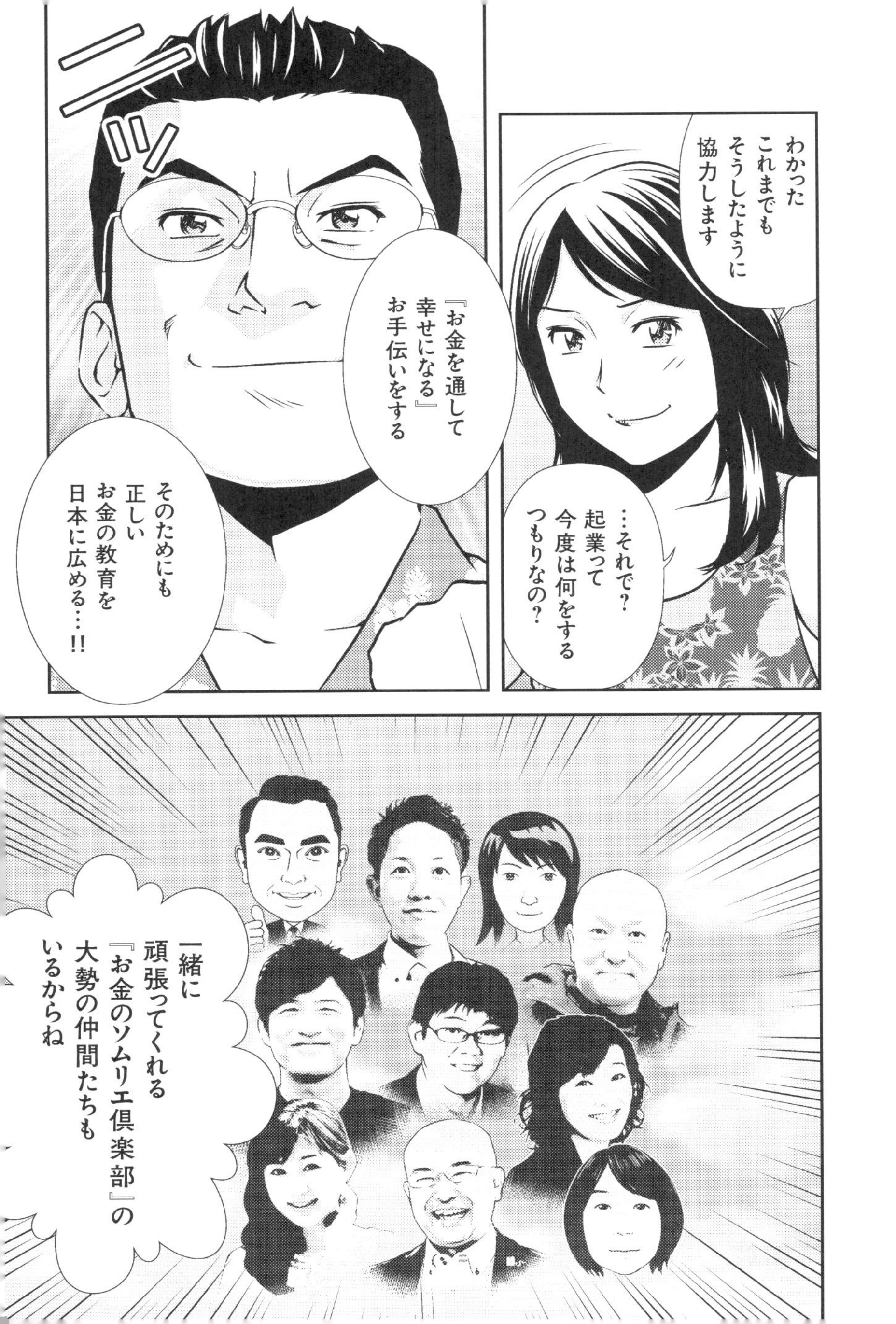
わかった これまでも そうしたように 協力します
…それで？ 起業って 今度は何をする つもりなの？
『お金を通して 幸せになる』 お手伝いをする
そのためにも 正しい お金の教育を 日本に広める…!!
一緒に 頑張ってくれる 『お金のソムリエ倶楽部』の 大勢の仲間たちも いるからね

お金と時間と自信に満ちた「人生の自由」はすぐそこ

Q

あなたは、どちらの人生を歩みたいですか？

Ⓐ お金も時間も自信もなく、やりたいこともできず誰からも感謝されない人生

Ⓑ お金と時間と自信に溢れ、やりたいことができて人様から感謝される人生

やりたいことをやって後悔しない人生を送った方が幸せになれるってことくらい、誰だって知っています。でも、やりません。なぜか？　お金も時間もないし、できるかどうか不安だから。それに、今現在の安定した生活を手放すなんてもったいない。

でも実は、安定を大切にしたい人こそ、行動すべきです。行動しないということは「楽」なことを選択しているにすぎません。世の中は変化するし、まわりの人も成長し続けるので、何もしなければ取り残されます。回り続けるコマや走り続ける自転車が倒れないように、行動し続けること以外に安定は存在しないのです。

もちろん新しいことを始める時には不安がつきまといます。でも、いくら考えても不安は消えません。解決策は1つだけ。「行動すること」です。とにかく今日から行動してください。すぐに始めないと一生後悔します。

だから私も、いさぎよく銀行を辞めて、お金のソムリエメソッドを広める活動を始めました。同じようにあなたにも、好きなこと、やりたいことに専念する人生を送って欲しい。

これは、「今の仕事を放り投げて、やりたいことだけに専念しなさい」という意味ではありません。生きていくためにはお金が要りますし、いきなり仕事を辞めてしまえば家族だって不安です。

だから、「お金のソムリエメソッド」がある。お金のソムリエメソッドを補助輪にして、やらずに後悔していたこと、本当はやりたかったことを始めてみませんか？その後、副収入が本業を上回るようになってから、やりたいことに専念すればよいのです。

あなたにとって、やらずに後悔していたこと、本当はやりたかったことは何ですか？一番やりたかったことをやって、充実した毎日を送っている未来を想像してみてください。もしそんな生活が実現したら、あなたはどんな気分になっていると思いますか？

人生は、「考え方↓行動↓結果」というサイクルの積み重ねだとお話ししましたが、本当は少し違います。順番は正しいのですが、正しい出発点は「行動」です。「行動↓結果↓考え方」というサイクルが正解です。行動すると結果が生まれる。結果が生まれると考え方が変わる。考え方が変わると行動できる。人生はこの積み重ねです。

あなたが今まで変わりたくても変われなかったとしたら、おそらく「考え方」を変えようと

図10　「行動→結果→考え方」サイクルの積み重ね

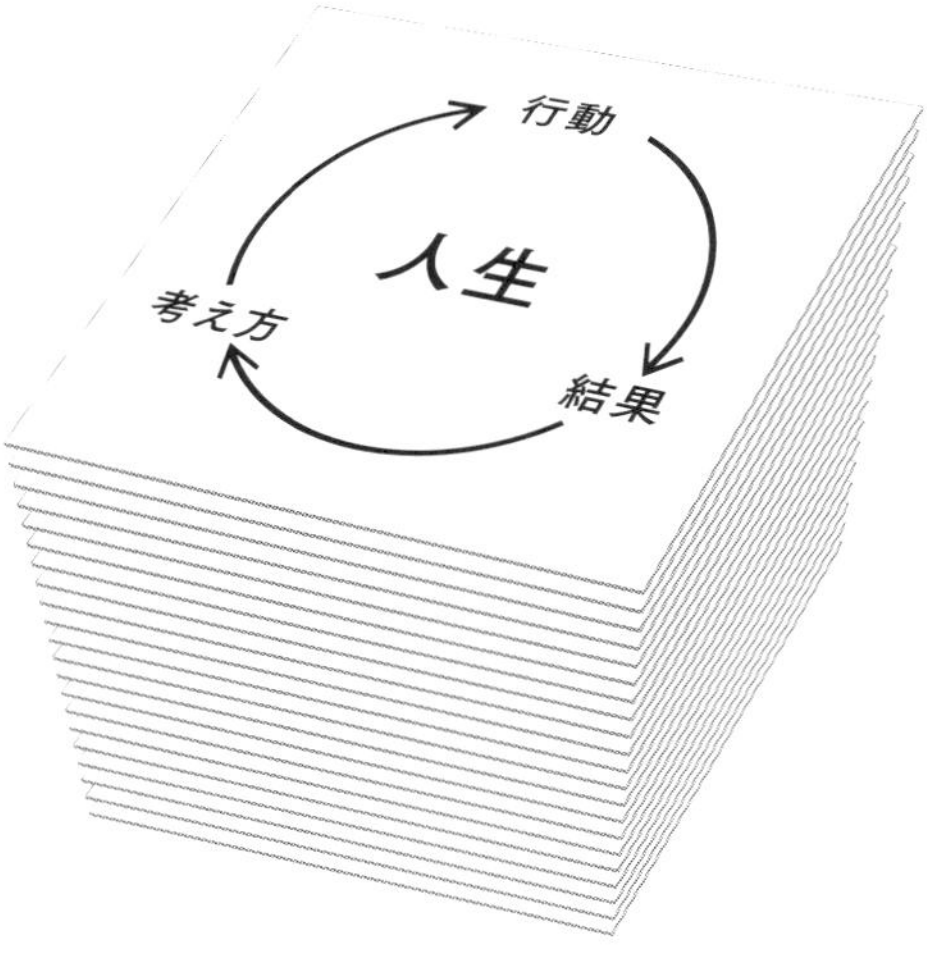

していたからです。考え方を変えても99％の人は行動しません。実際に行動しなければ何も変わりません。

そこで本書では、あなたが今すぐ行動できるように、効果的な仕組みを用意しました。私は最近、本の他にメールや動画での情報発信も続けています。本のような文字情報も大切ですが、ビジュアルイメージと音声が加わるだけで、さらに効果的にインプットされ、成果を出しやすくなることがわかっているからです。

具体的には、読者のあなたへのお礼として、そんな動画の1つをプレゼントさせていただきます。この動画を見た人は行動することの大切さを実感できるので、本だけ読んで終わりにした人と比べて格段に裕福になります。詳細は本書の巻末をご覧ください。あなたのお役に立てると幸いです。

【著者プロフィール】
坂下仁　Jin Sakashita

非営利型一般社団法人 お金のソムリエ協会 会長。

大学卒業後、M銀行を経て、お金のソムリエ協会を設立。

銀行員時代に始めたセミナーは「裕福になる能力」を身につけることに特化。100名超のキャンセル待ちが続き、3年間で1000名超が受講する人気セミナーとなった。お金のソムリエ倶楽部の会員は「お金のソムリエメソッド」を実践し、お金を通して家族の幸せを実現。夢を叶えたり、本業以上の副収入を得てセミリタイアする会員も続出している。

お金のソムリエ協会設立後は、後継者となる認定講師の育成を開始。1年間で40名の認定講師が誕生した。

「お金のソムリエメソッド」は、勝間和代さん出演の「宇宙一受けたい授業　銀河系ゼミナール」(TOKYO MX)、ダウンタウン・浜ちゃん出演の「ケンゴロー」(毎日放送)、生島ヒロシさんのTBSラジオ等でも紹介されている。また、PRESIDENT、日経マネー、週刊ダイヤモンド、THE21、朝日新聞など、数十の雑誌・新聞等にも掲載されている。

『いますぐ妻を社長にしなさい』シリーズ（サンマーク出版)、『1冊の「ふせんノート」で人生は、はかどる』シリーズおよび『お金のプロに聞いてみた！どうしたら定年までに3000万円貯まりますか？』（いずれもフォレスト出版）等の著書は累計18万部。

〈坂下仁公式サイト〉https://moneysommelier.com
〈お金のソムリエ協会公式サイト〉https://os-k.com

漫画・P45 イラスト／松枝尚嗣
ブックデザイン／山田知子（chichols）
DTP／山口良二

※この本に掲載した数字は、原則として2018年12月末時点で知り得た数字です
税金についても税法改正や通達等によって変化しますし、税務署や担当官によっても対応が大きく異なりますので、その都度確認することをお勧めいたします。また、本書はリスクのある投資商品の購入をお勧めするものではございません
※本書で示した意見によって読者に生じた損害、および逸失利益について、著者、発行者、発行所はいかなる責任も負いません。投資の決定は、ご自分の判断でなさるようお願いいたします
※なお、漫画に登場する人物の顔等は実際の人物に似せたものではありません

サラリーマンこそ
プライベートカンパニーをつくりなさい

2019年3月10日　初版発行
2019年3月16日　2刷発行

著　者　坂下　仁
発行者　太田　宏
発行所　フォレスト出版株式会社
〒162-0824 東京都新宿区揚場町2-18　白宝ビル5F
電話　03-5229-5750（営業）
03-5229-5757（編集）
URL　http://www.forestpub.co.jp

印刷・製本　中央精版印刷株式会社

ISBN978-4-86680-022-6　Printed in Japan

坂下仁の好評既刊

貯金ゼロでも大丈夫!特別な資産や収入のない一般の人たちが、続々成功!破産寸前のメガバンク行員から資産数億円、セミリタイアを実現した著者が、本当は銀行員も教えたくないお金を増やす方法を公開します。

『お金のプロに聞いてみた!どうしたら定年までに3000万円貯まりますか?』
定価 本体1400円 +税

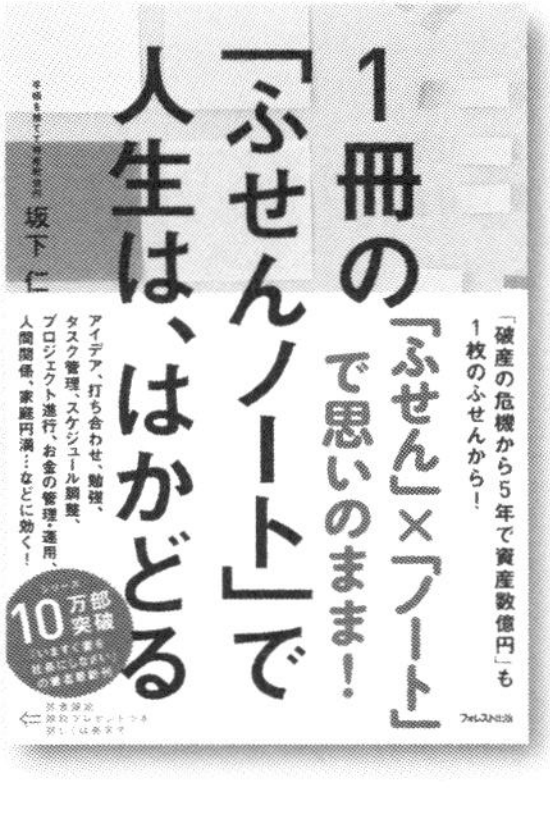

たちまち5刷となった日本初の「ふせんノート」の本! ズボラな性格で、ノートや手帳を使うのが苦手だった著者。しかし、「ふせん」を活用することで破産寸前から資産数億円に。ウソのようなホントの話を公開します。

『1冊の「ふせんノート」で人生は、はかどる』
定価 本体1300円 +税

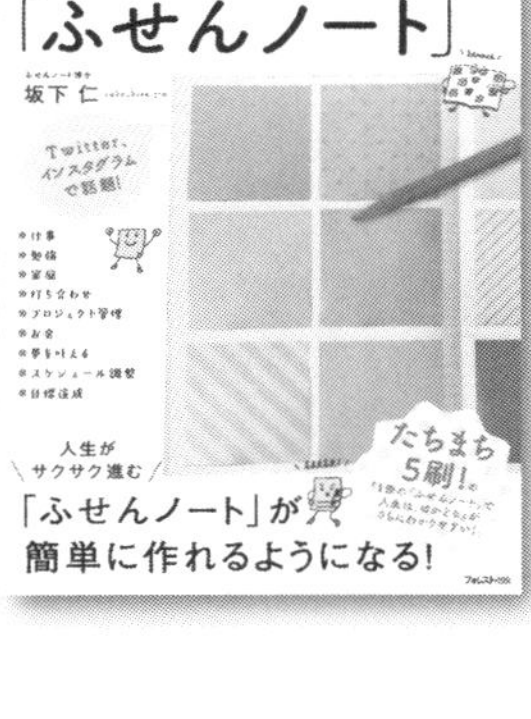

Twitterやインスタグラムで話題!豊富な写真とイラストで、話題の「ふせんノート」のすべてがわかる! 「ふせん」を100%活用することで、あなたを思いわずらわせる悩みをなくし、思いどおりの人生を送りましょう。

『図解人生がはかどる「ふせんノート」』
定価 本体1300円 +税